요리조리 뜯어보는
기계의 구조와 원리

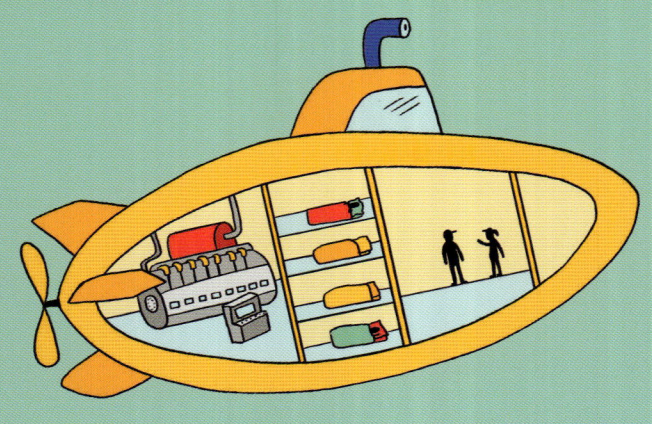
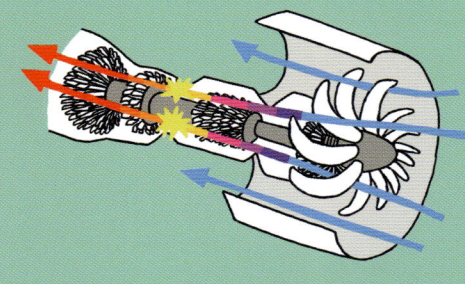
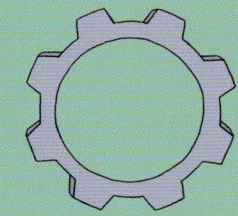
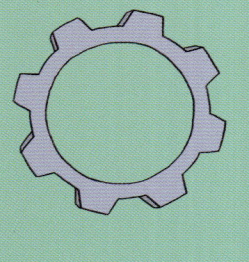

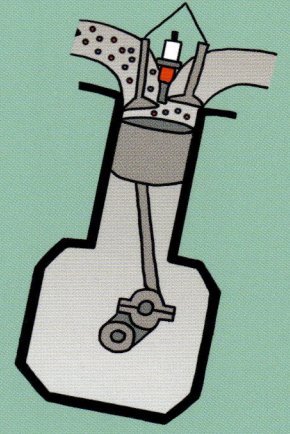
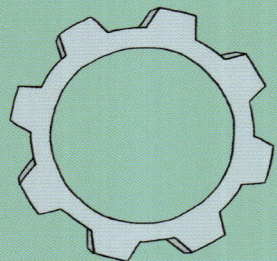

요리조리 뜯어보는 기계의 구조와 원리
The EVERYDAY WORKINGS of MACHINES

1판 1쇄 | 2021년 5월 20일	
1판 2쇄 | 2022년 6월 9일	

글 \| 스티브 마틴
그림 \| 발푸리 커툴라
옮김 \| 한성희

펴낸이 \| 박현진
펴낸곳 \| (주)풀과바람
주소 \| 경기도 파주시 회동길 329
전화 \| (031) 955-9655~6
팩스 \| (031) 955-9657
출판등록 \| 2000년 4월 24일 제20-328호
블로그 \| blog.naver.com/grassandwind
이메일 \| grassandwind@hanmail.net

편집 \| 이영란
마케팅 \| 이승민

값 14,000원
ISBN 978-89-8389-902-6 77550

The EVERYDAY WORKINGS of MACHINES
Copyright © 2020 Quarto Publishing plc
Written by Steve Martin
Illustrated by Valpuri Kerttula

First published in the UK in 2020 by Ivy Kids, an imprint of The Quarto Group.

All rights reserved.
Korean translation rights © GrassandWind Publishing, 2021
This Korean edition was published by arrangement with Ivy Kids, an imprint of The Quarto Group through THE Agency, Korea.

이 책의 한국어판 저작권은 더에이전시를 통해 Ivy Kids와의 독점 계약으로 (주)풀과바람이 소유합니다.
신 저작권법에 의해 한국 내에서 보호를 받는 저작물이므로 무단 전재와 복제를 금합니다.

※잘못 만들어진 책은 구입처에서 바꾸어 드립니다.

KC	제품명 요리조리 뜯어보는 기계의 구조와 원리 | 제조자명 (주)풀과바람 | 제조국명 대한민국	⚠ 주의
	전화번호 031)955-9655~6 | 주소 경기도 파주시 회동길 329	어린이가 책 모서리에
	제조년월 2022년 6월 9일 | 사용 연령 8세 이상	다치지 않게 주의하세요.
	KC마크는 이 제품이 공통안전기준에 적합하였음을 의미합니다.	

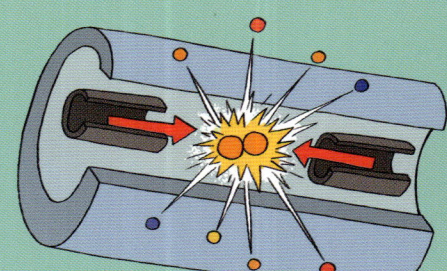

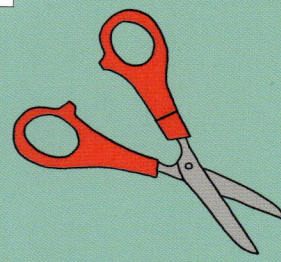

요리조리 뜯어보는
기계의
구조와 원리

토스터에서부터 기차, 로봇에 이르기까지….
우리가 매일 사용하는 기계들은
어떻게 움직일까요?

스티브 마틴 · 글
발푸리 커툴라 · 그림
한성희 · 옮김

풀과바람

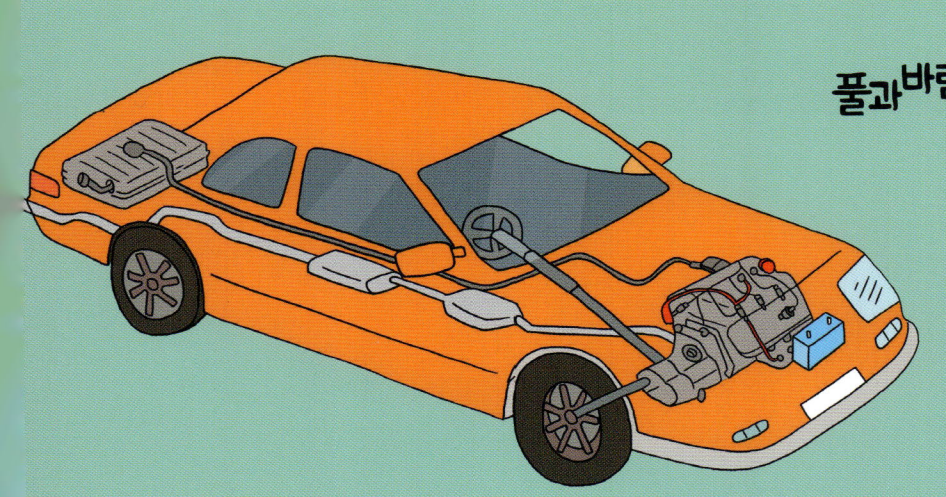
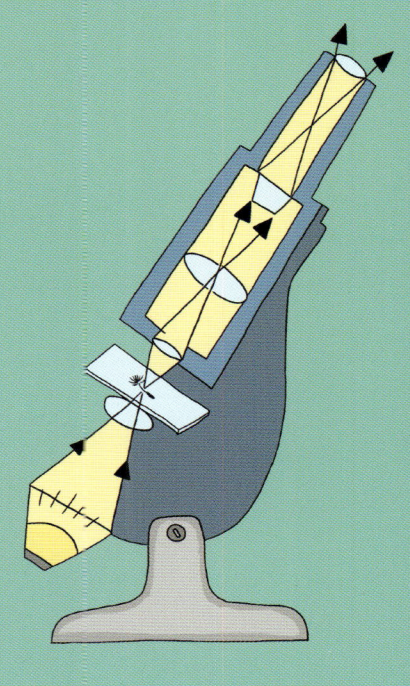

차례

기계와 함께 사는 세상 6

8 집에서 쓰는 기계
토스터와 변기

상점에 있는 기계 10
에스컬레이터와 바코드 스캐너

12 자동차
내연 기관과 브레이크

하늘을 나는 기계 14
날개에서 엔진에 이르기까지

16 바다 위아래를 다니는 기계
호버크라프트와 잠수함

회전하는 기계 18
풍력 발전용 터빈과 조류 발전용 터빈

20 측정하는 기계
온도계와 저울

잘 보게 도와주는 기계 22
엑스레이 기계와 현미경

24 소리를 전달하는 기계
마이크와 스피커, 휴대 전화

기차 26
증기 기관차에서
전기 기관차에 이르기까지

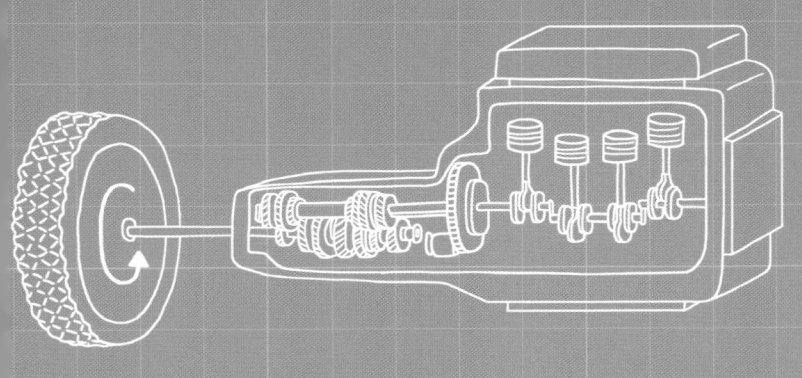

28 연료 없이 움직이는 기계
자전거와 손수레

30 학교에서 쓰는 기계
스테이플러와 가위

32 시원하게 해 주는 기계
냉장고와 에어컨

34 따뜻하게 해 주는 기계
라디에이터와 전자레인지

36 재미를 주는 기계
무선 조종 장난감과 스카이 콩콩

38 안전을 지켜 주는 기계
화재경보기와 출입문 자물쇠

40 높이 들어 올리는 기계
타워 크레인에서부터 이동식 크레인에 이르기까지

42 세계에서 가장 큰 기계
대형 강입자 충돌기

44 로봇
화성 탐사 로봇과 기계를 만드는 기계

46 기계 관련 단어 풀이

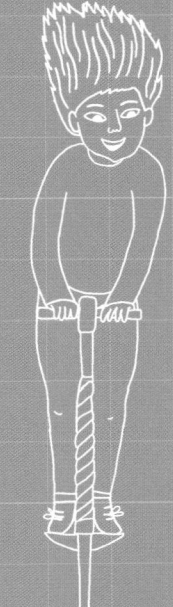

기계와 함께 사는 세상

물건을 부수고 자르는 데 썼던 부싯돌에서부터 바퀴 발명에 이르기까지,
기계는 최초의 사람이 사용한 이래로 쭉 우리 곁에 있어요.
여러분도 아마 수백 개의 기계를 매일 사용하고 있을 거예요!

상상해 봐요. 아침에 침대에서 벌떡 일어나 화장실에 가요. (다행히!) 볼일을 본 다음에
따뜻한 물로 기분 좋게 샤워해요. 토스터로 갓 구운 빵과 냉장고에서 꺼낸 시원한 음료로
아침을 먹어요. 학교에 갈 시간이 되면 현관문을 잠그고 자전거를 타죠.
겨우 한 시간 만에 많은 기계를 사용했어요. 몇 개나 되는지 셀 수 있나요?

삶을 더욱 편하게 해 주기 때문에 우리는 기계를 정말 많이 사용해요.
기계는 우리의 일을 도와줘요. 과학에서 말하는 '일'이란 물체에 힘을 주어 힘의
방향으로 물체를 이동시키는 것을 뜻해요.
이때 기계는 힘을 덜 들여 일을 끝내게 해 주죠.

이 책에서는 간단한 손수레부터 화성을 탐사하는 첨단 로봇에 이르기까지 다양한
기계들이 어떻게 작동하는지 알아보아요.
이제 여러분은 기계를 전과는 전혀 다르게 보게 될 거예요!

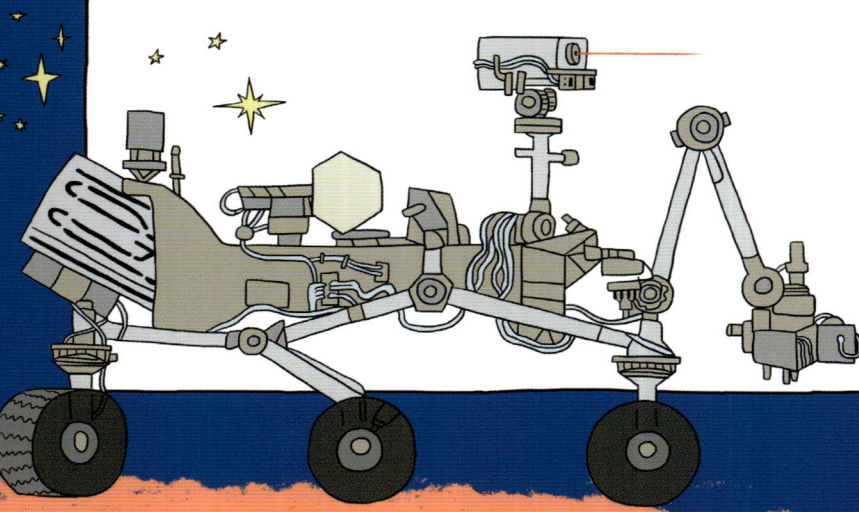

단순한 기계

기계는 단순 기계(몇 가지 부품으로 구성됨)와
복합 기계(여러 단순 기계로 구성됨) 등 종류가 다양해요. 예를 들어 가위는
지렛대(손잡이)와 쐐기(날)로 구성되어 있어요.
다음은 간단한 구조의 단순 기계가 어떻게 움직이는지를 알려 줍니다.

쐐기

쇠나 나무를 비스듬하게 깎아 만든 물건을 '쐐기'라고 하는데, 아래쪽이 위쪽보다 얇거나 뾰족해요. 한쪽으로 밀면 옆으로 힘이 가해져서 무거운 물체를 들어 올리거나 틈새를 가를 때 써요. 한 쌍의 가윗날도 쐐기예요. 가윗날 사이에 종이를 넣으면 두 조각으로 싹둑 잘려요.

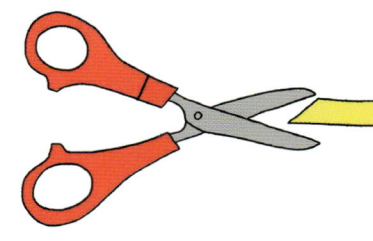

지렛대

지렛대(레버)는 무거운 물건을 움직이거나 들 때 쓰는 막대기예요. 막대의 한 점을 받치고, 그 받침점을 중심으로 물체를 들면 적은 힘으로도 큰 힘의 효과를 낼 수 있어요.
손수레는 지렛대를 포함해 여러 단순 기계로 구성되어 있어요. 즉 손수레 바퀴는 막대를 받치는 받침점이고, 손잡이는 힘이 가해지는 힘점이죠. 손잡이를 올리면 수레에 실린 무거운 짐을 번쩍 들 수 있어요.

도르래

도르래는 바퀴에 홈을 파고 줄을 걸어서 돌려 물건을 움직이는 장치로, 물건을 쉽게 들어 올리게 해 줘요. 밧줄의 한쪽을 아래로 쭉 당기면 바퀴가 도르르 돌아가서 다른 쪽에 달린 물건이 쑥 올라가요. 크레인은 도르래를 이용해서 무거운 짐을 번쩍 들어 올려요.

바퀴와 차축

차축은 차바퀴 한가운데에 고정된 쇠막대기예요. 두 개의 차바퀴를 이은 차축에 힘이 가해지면 바퀴가 회전해요.

집에서 쓰는 기계

우리가 사는 집 안에는 기계가 가득해요. 그중 토스터와 변기가 가장 중요할 거예요.
토스터는 제일 좋은 기계이고, 변기는 굳이 이유를 말하지 않아도 알죠?
그런데 이 기계들이 어떻게 작동하는지 궁금하지 않나요? 함께 자세히 살펴봐요!

토스터

어떤 기계는 전기를 열로 바꿔요. 토스터는 그 방법으로 차갑고 부드러운 빵을 따뜻하고 바삭바삭한 토스트로 만들어요.

1 토스터에 빵을 쏙 넣어요.

빵이 아래로 내려감

타이머
레버
전선

2 레버를 아래로 누르면 빵이 내려가요. 그러면 전기 회로가 연결되어 전선에 전기가 흘러요. 여러 전선이 빵 양쪽으로 나란히 놓여 있어요.

3 전선에 전기가 쉽게 흐르지 않으면 벌겋게 달아올라요. 전선에서 나오는 열이 빵을 노릇노릇하게 구워요.

토스트가 툭 튀어 올라옴

4 토스터에는 타이머가 있어요. 정한 시간에 맞춰 빵이 구워지면 레버가 풀리면서 회로가 끊어져요. 토스트가 툭 튀어 오르면 빵에 바르고 싶은 것을 준비해요.

도체와 전기 저항

전선은 대부분 구리로 만들어지는데, 구리가 좋은 '도체'이기 때문이에요. 좋은 도체에서는 전기가 쉽게 흘러요. 반면에 전기 저항이 큰 도체로 만든 전선도 쓸모가 있어요. 그런 전선에 전기가 흐르면 강한 저항 때문에 전기가 쉽게 흐르지 않고 많은 열이 발생하거든요. 그래서 토스터의 전선은 전기 저항선인 니크롬선으로 만들어져요.

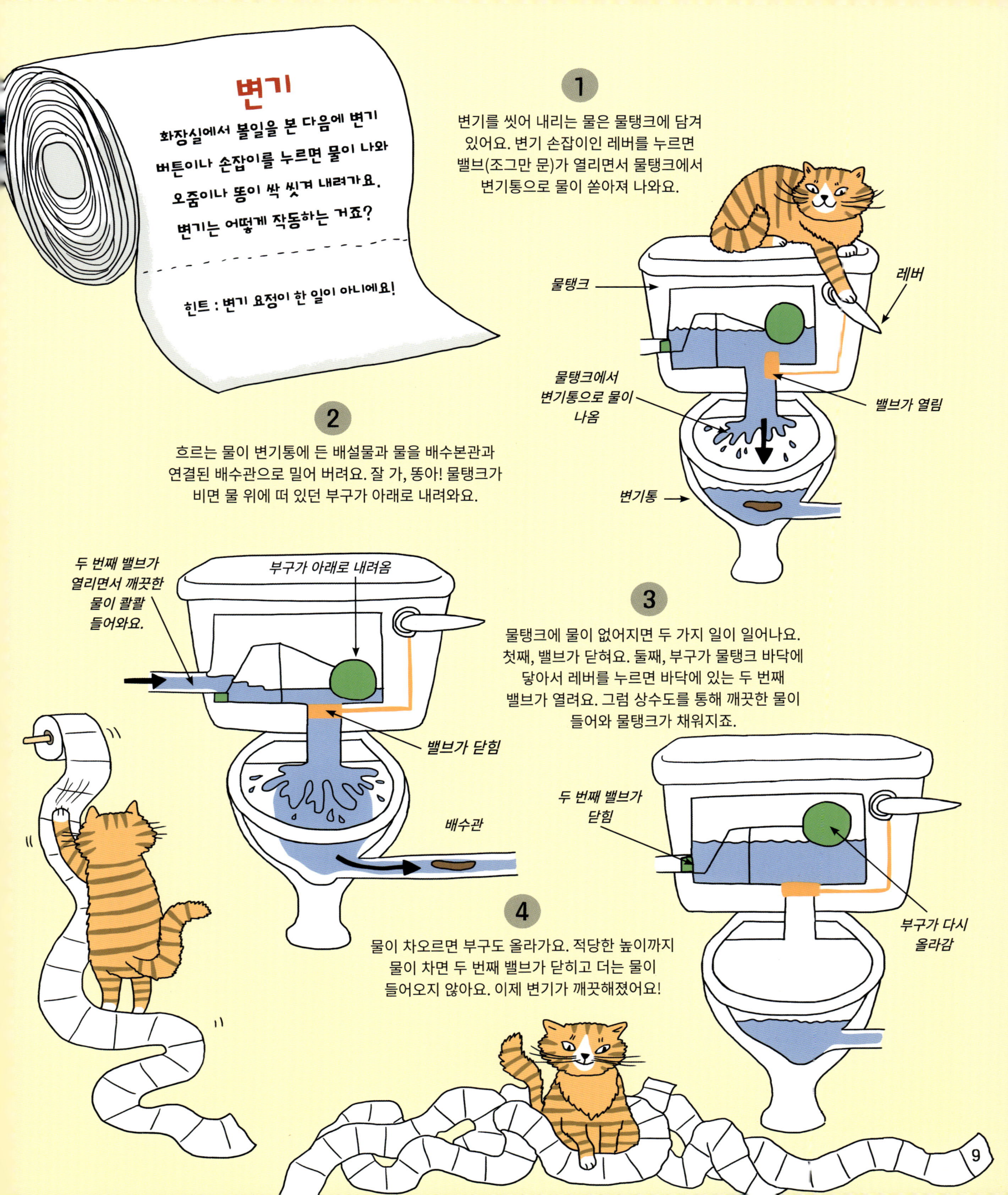

상점에 있는 기계

쇼핑센터는 쓸모 있는 기계로 가득해요. 에스컬레이터는 힘들지 않게 빨리 돌아다니도록 돕고, 바코드 스캐너는 상품 판매와 관리를 도와주죠. 매일 쓰는 이런 기계에 조금만 관심을 주세요!

에스컬레이터

자동계단인 에스컬레이터는 계단보다 훨씬 더 많은 사람을 더 빨리 이동시켜요. 덕분에 계단을 힘들게 오르내리지 않아도 되죠! 에스컬레이터는 어떻게 움직일까요?

> 세상에서 가장 짧은 에스컬레이터는 일본에 있어요. 길이는 약 83센티미터이고, 디딤판이 겨우 5개밖에 없어요!

1 먼저 전동기가 에스컬레이터 위쪽에서 구동 기어를 돌려요. 그러면 위쪽에 있는 구동 기어와 아래쪽에 있는 추종 기어 주위로 체인이 맴돌며 움직이죠.

2 에스컬레이터가 움직이면 체인은 쭉 이어진 디딤판을 잡아당겨서 사람들을 위아래로 옮겨요. 디딤판은 움직일 때마다 다음 디딤판이 놓이죠.

3 사람들이 쉽고 안전하게 걸을 수 있도록 디딤판은 타는 곳과 내리는 곳에서 평평해져요.

4 체인이 돌아가며 디딤판을 잡아당기는 동안에 난간도 움직여요. 난간 구동 장치는 구동 기어처럼 전동기로 돌아가며 난간을 회전시켜요. 난간은 디딤판과 같은 속도로 움직여요. 정말 편리하죠!

바코드 스캐너

삐...삐...삑! 이제 계산해야죠. 스캐너가 바코드를 전부 읽으며 쉬지 않고 일하고 있어요. 바코드 스캐너가 어떻게 작동하는지 알아볼까요?

1
와! 드디어 딱 맞는 청바지를 찾았어요. 청바지를 계산대로 가져가 상점 점원에게 건네요. 상점에 있는 다른 모든 상품처럼 청바지는 자기만의 바코드가 있어요.

2
점원은 스캐너라는 기계를 사용해서 바코드 위에 빛을 비춰요. 흰색 막대 부분은 많은 양의 빛을 반사하고, 검은 부분은 적은 양의 빛을 반사해요. 스캐너 안 감지기가 반사된 빛을 읽어 그 강약을 전기 신호로 바꿔요.

3
스캐너 안 전기 회로는 신호를 이진수 0과 1로 바꾸어 컴퓨터로 보내죠. 컴퓨터는 코드를 확인해서 상품과 맞춰 봐요. 그다음에 어떤 상품인지, 가격이 얼마인지, 재고가 몇 개나 남았는지를 보여 줘요. 마지막으로 남은 청바지를 샀네요! 잘 샀어요!

바코드가 뭐죠?

치약에서부터 초콜릿에 이르기까지 장바구니에 든 상품 대부분은 흑백의 바코드 줄무늬가 있어요. 상점 주인은 스캐너와 컴퓨터로 바코드를 읽어서 매출을 관리해요.

바코드는 쭉 이어진 여러 개의 숫자로 구성되어 있어요. 그런데 숫자는 헷갈리기 쉬워요. 예를 들어 6은 9로 거꾸로 읽을 수 있지요. 그래서 숫자를 코드로 나타내요. 코드는 순서와 상관없이 7개의 숫자마다 흑백 줄무늬를 줘서 만들어지죠.

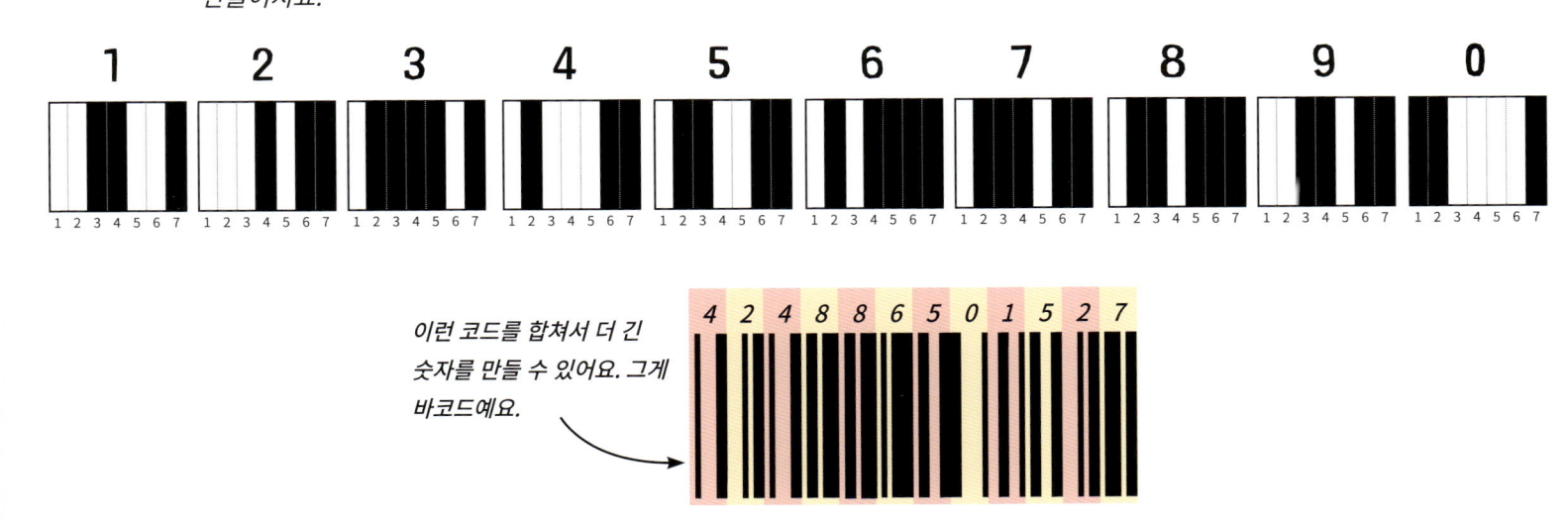

이런 코드를 합쳐서 더 긴 숫자를 만들 수 있어요. 그게 바코드예요.

자동차

전 세계 약 14억 대의 자동차가 도로를 쌩쌩 달리고 있어요. 거의 모든 자동차에는 내연 기관이 들어 있어요. 자동차에서 가장 중요한 부분을 알아볼까요? 자동차가 어떻게 출발하고, 또 어떻게 멈추는지 말이죠.

내연 기관

내연 기관은 연료가 엔진 안에서 연소된다는 뜻이에요('연소'는 물질이 빛과 열을 내며 타는 것). 외연 기관은 증기 기관차(26쪽 참조) 안에서 일어나는 것처럼 엔진 밖에서 연소가 일어나죠.

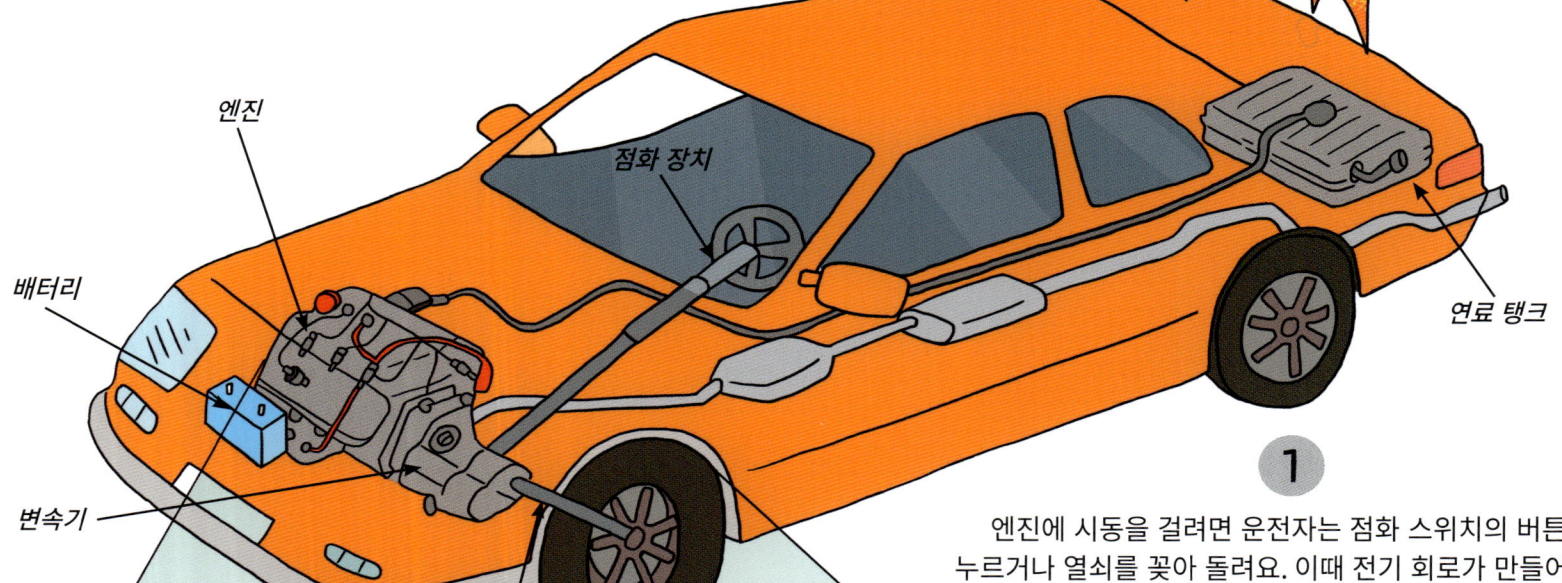

1 엔진에 시동을 걸려면 운전자는 점화 스위치의 버튼을 누르거나 열쇠를 꽂아 돌려요. 이때 전기 회로가 만들어져요.

2 전기는 배터리에서 시동 모터로 흘러요. 모터가 플라이휠(기계나 엔진의 회전 속도에 안정감을 주기 위한 무거운 바퀴)을 돌리면 크랭크축이 돌아가요.

3 크랭크축이 움직이면 엔진 안에 있는 피스톤이 위아래로 움직여요. 일단 피스톤이 움직이기 시작하면 엔진이 달아올라서 스스로 계속 움직이죠.

변속기
변속기 또는 기어 박스에는 운전자가 자동차의 동력과 속도를 제어하는 데 사용하는 기어(29쪽에 나오는 자전거 기어와 비슷함)가 들어 있어요.

4 피스톤의 움직임은 크랭크축을 계속 돌려서 변속기에 연결돼요. 변속기는 크랭크축 운동을 차축에 전달해서 바퀴를 돌려요. 그럼 출발!

피스톤

앗, 잠깐만요! 그런데 어떻게 피스톤이 저절로 계속 움직일까요?

1 크랭크축이 회전하면 자동차가 출발할 때 피스톤이 아래로 내려가요. 이때 연료 탱크에서 나온 연료가 공기와 섞여서 실린더(피스톤이 든 관)에 들어가요.

2 피스톤이 다시 위로 올라가면 연료와 공기 혼합물이 좁은 공간에 압축되죠.

3 점화 플러그가 연료와 공기 혼합물에 불을 붙여서 폭발하면 피스톤이 다시 밑으로 내려가요.

4 피스톤이 다시 올라가면서 배기가스(매연)를 몽땅 밖으로 밀어내요. 피스톤 운동을 일으키는 폭발이 생길 때마다 그 과정이 다시 시작되죠.

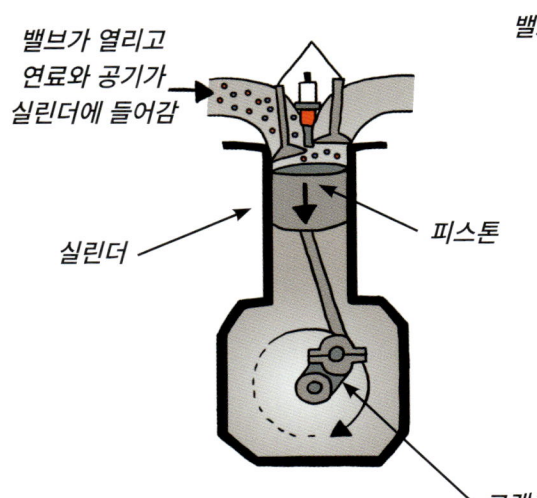

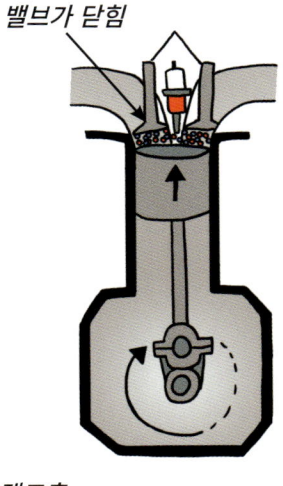

액셀
운전자는 더 빨리 가려고 액셀 페달을 사용해요. 액셀 페달을 꾹 누르면 엔진에 있는 실린더에 더 많은 공기가 들어가 더 많은 연료를 써요. 그러면 더 많은 폭발이 일어나서 피스톤이 더 빨리 움직인답니다.

브레이크를 꽉 밟아요!

운전자는 자동차를 멈추거나 속도를 늦추려고 브레이크 페달을 발로 밟아요. 자동차 브레이크는 자전거 브레이크(29쪽 참조)와 꽤 비슷해요.

1. 우와, 소 떼가 길 위에 있네요! 운전자가 브레이크 페달을 밟으면 레버가 밀려요.
2. 레버는 피스톤을 밀어서 좁은 관으로 브레이크 오일을 꽉 밀어 넣어요.
3. 브레이크 오일은 두 번째 피스톤에 도달해서 브레이크 패드를 바퀴의 디스크 브레이크 쪽으로 눌러요.
4. 브레이크 패드와 디스크 브레이크 사이에서 발생한 마찰이 바퀴의 속도를 늦춰서 자동차를 멈춰 세워요. 소들은 안전해요!

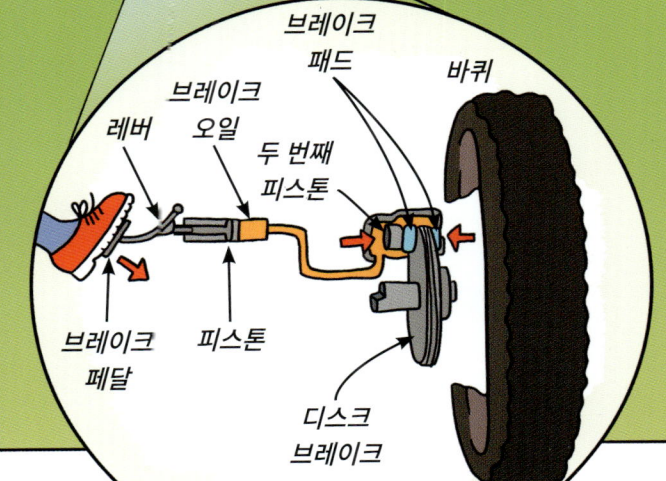

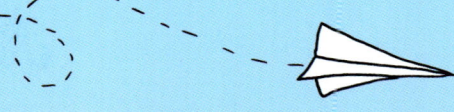

날개

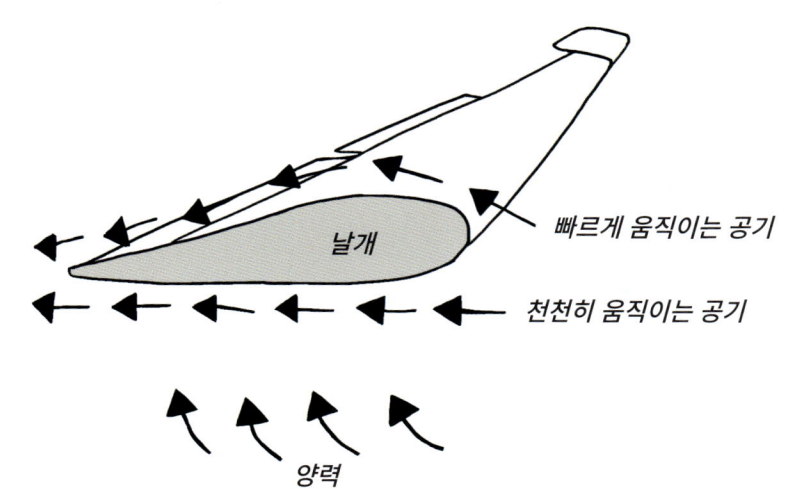

엔진이 빠른 속도로 비행기를 앞으로 움직이면 공기가 날개 위로 빠르게 지나가요. 날개는 아래쪽은 평평하고 위쪽은 곡선으로 생겨 위쪽 공기의 흐름이 아래쪽보다 빨라요. 빠르게 흐르는 위쪽 공기는 아래쪽 공기보다 압력을 덜 받아요. 그러면 위쪽을 향하는 힘 '양력'이 생겨서 하늘 위로 비행기를 밀어 올리죠. 날개가 기울어지면서 공기를 아래로 밀어도 양력이 생겨요.

엔진

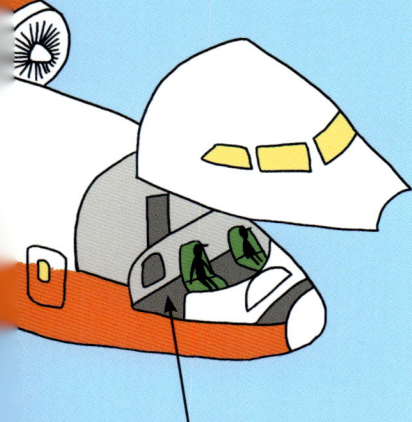

조종석
조종사와 부조종사는 조종석에 앉아 조종 장치를 이용해서 비행기를 조종해요.

1
비행기에 쓰이는 제트 엔진은 팬을 통해 공기를 빨아들여요.

2
'압축기'라고 부르는 회전 날개는 공기를 점점 더 작은 공간으로 밀어 넣어 아주 높은 압력으로 압축해요.

3
고온, 고압 공기가 연소실에 도달해서 연료와 섞이면 불이 붙어요.

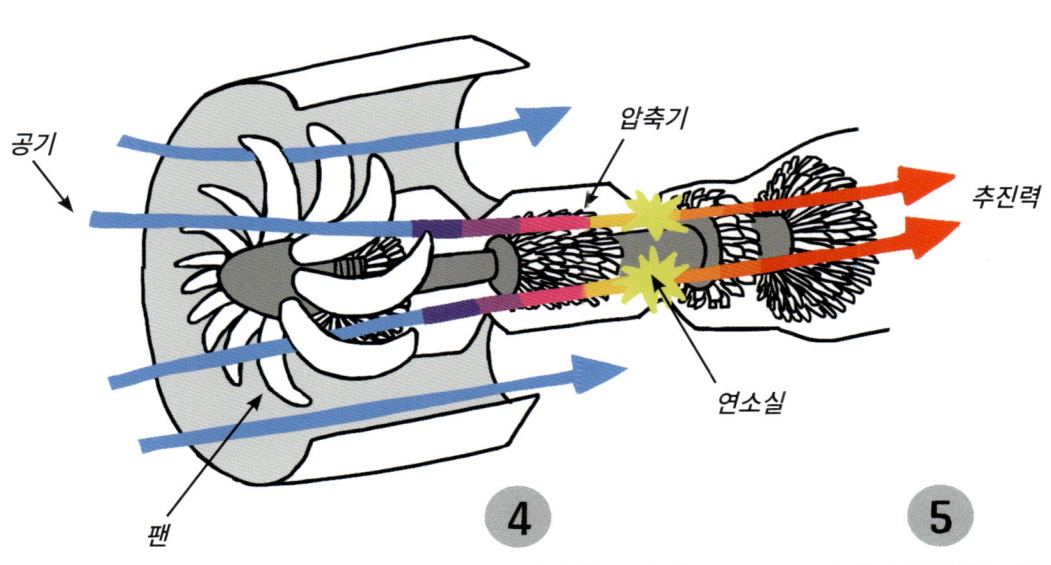

4
그러면 연료와 공기 혼합물이 매우 빠르게 팽창해서 엔진 뒤쪽에서 폭발하죠.

5
뒤에서 폭발하는 힘이 비행기를 앞으로 밀어내는데, 그 힘을 '추진력'이라고 불러요.

바다 위아래를 다니는 기계

배는 바다를 항해해요. 그런데 물 위와 물속을 빠르게 다닐 수 있는 기계가 있어요. 호버크라프트는 물 위로 미끄러지듯이 지나가며 잠수함은 물속 깊이 가라앉을 수 있죠.

호버크라프트

호버크라프트는 물 위를 다니는 것처럼 보이지만, 실제로는 공중에 붕 떠 있어요. 더욱이 육지에서도 이동이 가능해요. 어떻게 그럴 수 있을까요?

뒤쪽 팬

팬

공기가 뒤로 불어 호버크라프트가 앞으로 움직여요.

밑에서 부는 공기가 고무 스커트를 채워서 공기쿠션을 만들어요.

1
크고 강력한 팬이 공기를 아래로 뿜어요.

2
호버크라프트 아래 고무 스커트는 공기를 가둬서 커다란 쿠션을 만들어요. 공기쿠션은 호버크라프트를 표면 위로 밀어 올려요. 그 덕분에 호버크라프트는 물 사이에서 생기는 마찰이 적어서 더 쉽게 움직일 수 있어요.

3
호버크라프트는 뒤쪽 팬이 공기를 뒤로 불어서 앞으로 나아갈 수 있어요. 마치 풍선을 불었다가 놓아 버리면 공기가 빠져나오는 반대 방향으로 풍선이 날아가는 것과 같아요.

마찰력

마찰력은 맞닿아 있는 두 표면이나 물체가 서로 운동을 방해하는 힘이에요. 마찰력이 클수록 움직임은 느려지고 어려워져요. 얼음과 같은 표면은 마찰력이 적어서 쉽게 움직이거나 미끄러질 수 있어요.

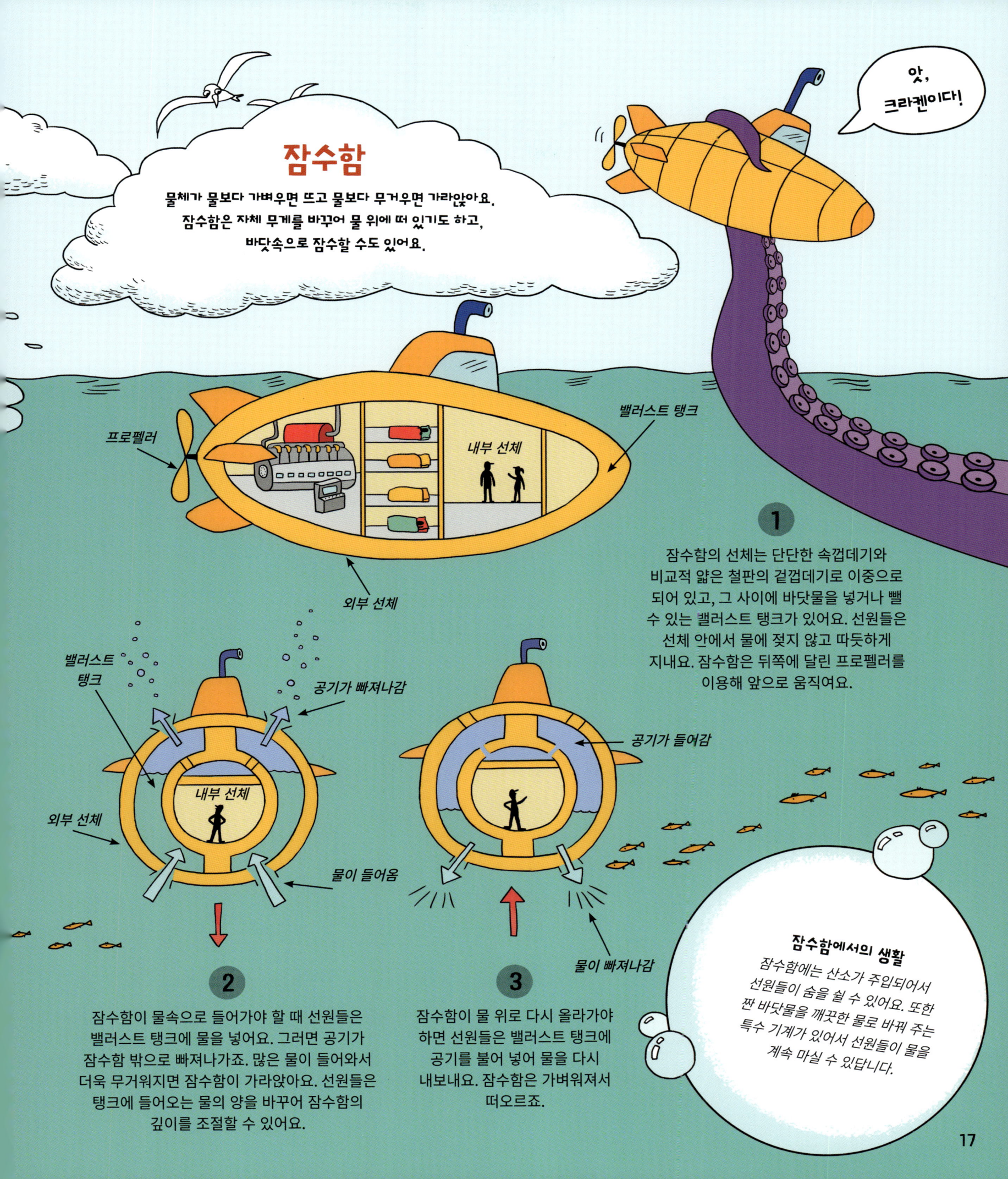

회전하는 기계

석탄, 석유, 가스 같은 화석 연료는 환경을 오염시키고 언젠가는 다 써서 없어져요. 그래서 과학자와 엔지니어들은 바람과 바닷물처럼 절대로 바닥나지 않는 자원을 이용해서 전기를 만드는 기계를 개발하고 있어요. 터빈은 그런 기계에 쓰여요.

풍력 발전용 터빈

거대한 풍력 발전기는 절대로 없어지지 않을 바람의 힘을 이용해 전기를 만들어요. 그래서 환경에 미치는 영향이 적어요. 지구를 살리는 이 기계에 관해 좀 더 알아볼까요?

풍력 터빈은 보통 높고 평평한 땅이나 심지어 먼 바다에 세워져요. 탁 트인 공간에서는 바람의 속도를 늦추는 높은 건물이나 언덕이 없기 때문이에요. 바람이 빠를수록 터빈의 날개가 더 많이 회전해서 더 많은 전기를 만들어요.

조류 발전용 터빈

이 터빈은 수중 풍차와 비슷하지만 바람이 아니라 조수(밀물과 썰물)의 움직임을 이용해요.

조류 발전용 터빈은 물속에 설치해서 바다 밑바닥에 고정되어 있어요. 밀물과 썰물로 일어나는 빠른 바닷물의 흐름을 이용해 터빈을 회전시켜 전기를 만들어요.

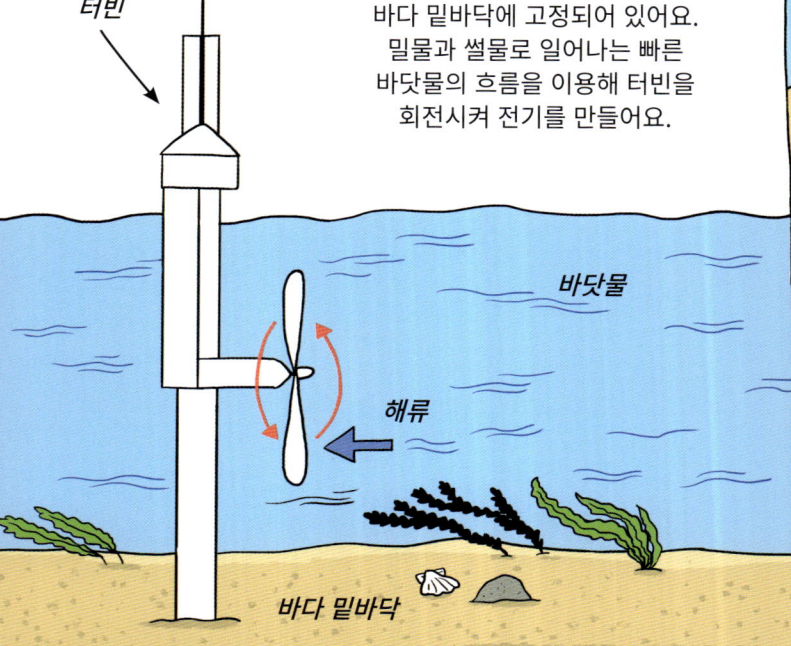

풍력 터빈은 대부분 높이가 90미터가 넘어요. 높이가 높아질수록 바람이 세게 불기 때문이에요. 예를 들어 37미터에서 부는 바람이 지상에서 부는 바람보다 두 배나 빨라요. 풍속이 세고, 풍차가 클수록 더 많은 전기를 만들 수 있지요.

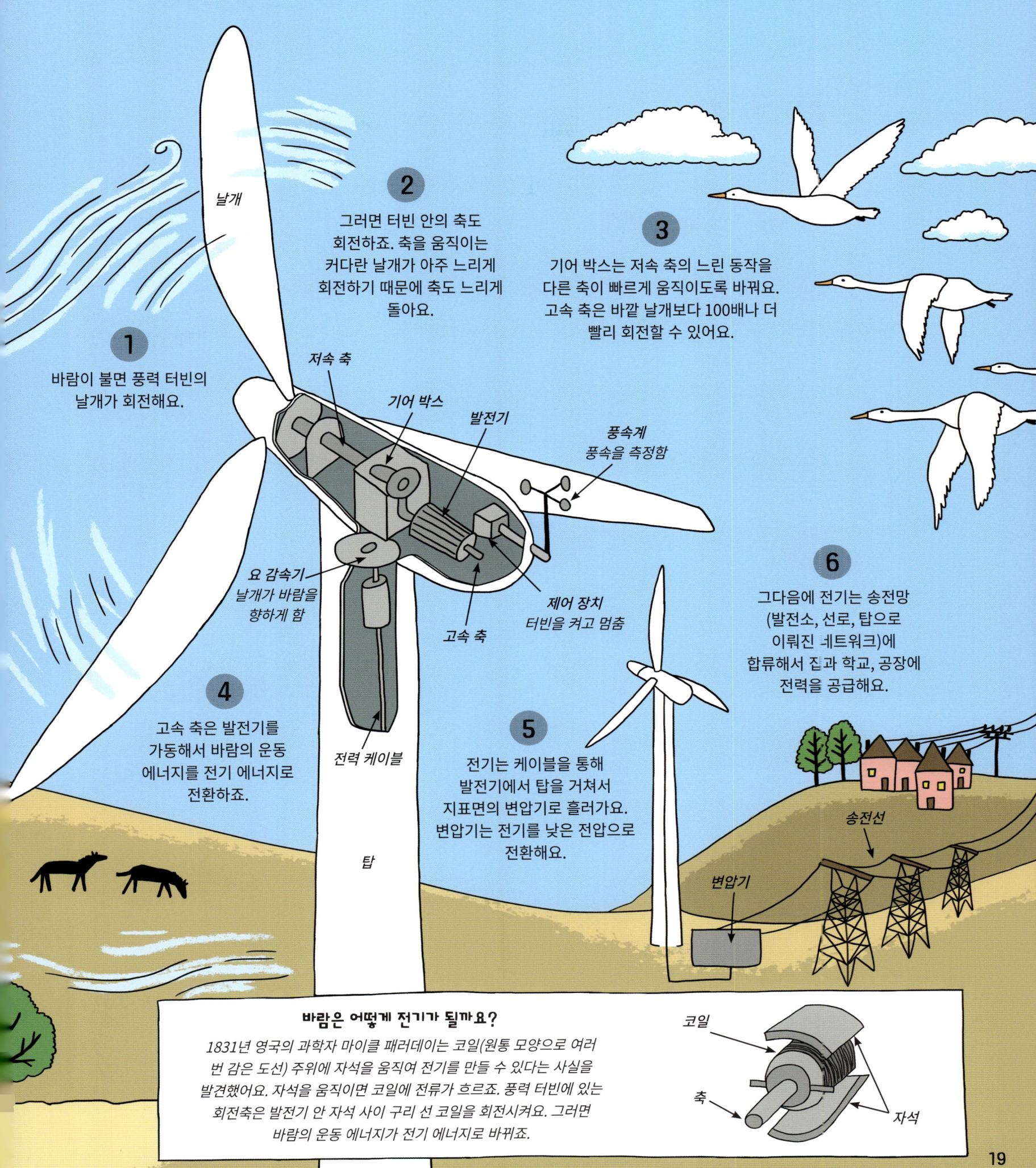

측정하는 기계

우리는 매일 무엇을 측정하려고 기계를 사용해요. 옷을 따뜻하게 입어야 할지 알기 위해 기온을 확인하거나 집에서 맛있는 케이크를 만들 때 필요한 재료의 무게를 잴 때 말이죠. 이런 유용한 기계가 어떻게 작동하는지 알고 있나요?

액체 온도계

간단한 액체 온도계는 300년이 넘도록 사용해 왔어요.

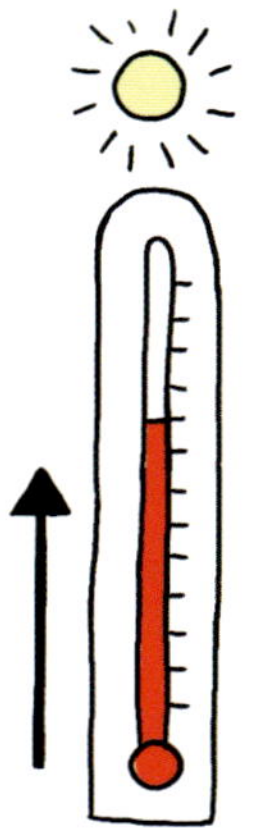

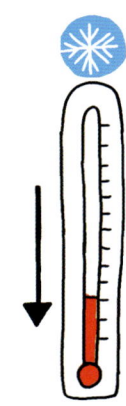

1 아침에 일어나 바깥이 얼마나 추운지 궁금하면 온도계로 기온을 확인해요. 이 온도계는 액체로 채워진 유리관이에요. 액체는 주로 액체 금속인 수은이에요.

2 수은은 뜨거워지면 팽창해요(더 커져요). 즉 따뜻해지면 액체가 유리관 위로 올라가요. 온도계의 눈금은 몇 도인지 알려 주죠.

3 수은은 추우면 수축해요(더 작아져요). 즉 차가워지면 액체가 유리관 아래로 내려가요. 음, 바비큐 파티를 하기에는 좋지 않은 날이네요!

다니엘 가브리엘 파렌하이트(1686~1736)와 안데르스 셀시우스(1701~1744)

다니엘 가브리엘 파렌하이트는 1714년에 최초로 수은 온도계를 발명한 독일 물리학자랍니다. 10년 뒤 그는 미국에서 오늘날에도 사용하는 화씨온도(파렌하이트 온도) 눈금을 만들었어요. 화씨온도에서 물의 어는점은 32°F이고 끓는점은 212°F이에요.

다른 온도 단위도 있어요. 1742년, 스웨덴의 천문학자 안데르스 셀시우스가 섭씨온도(셀시우스 온도) 눈금을 만들었어요. 섭씨온도에서 물은 0°C에 얼고 100°C에 끓어요. 오늘날에는 전 세계 대부분의 나라에서 섭씨온도를 사용해요.

파렌하이트

셀시우스

양팔저울

양쪽에 두 개의 접시가 달린 이 간단한 저울은 고대 이집트 시대부터 사용해 왔어요.

1 사과 3개의 무게를 알고 싶다면 저울의 한쪽에 사과를 올려놓아요.

2 다른 쪽에 추를 올려놓고 양쪽의 무게가 똑같아 저울대가 수평이 될 때까지 추를 더하거나 빼요.

3 올려놓은 추의 무게를 모두 더하면 사과의 무게를 알 수 있어요.

전자 체온계

몸이 아프면 아마 이런 종류의 온도계를 사용할 거예요.

1 전자 체온계는 금속이 뜨거워질수록 전기가 흐르기 어렵다는 원리로 작동해요. 그래서 온도계의 금속 부분을 혀 밑에 놓으면 금속이 뜨거워져서 전기의 흐름이 바뀌죠.

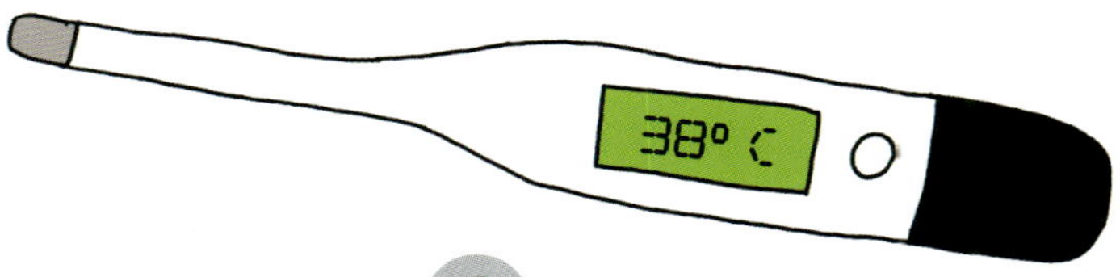

2 마이크로칩은 금속에 흐르는 전기량을 기록해서 화면에 보이는 온도로 바꿔요. 맞아요, 열이 있네요. 푹 쉬어야 해요!

잘 보게 도와주는 기계

우리는 눈으로 주변 세상을 가까이서도 보고 멀리서도 볼 수 있어요. 하지만 단단한 물체 속이나 바늘보다도 작은 물체는 볼 수 없지요. 엑스레이 기계와 현미경으로는 볼 수 있어요.

엑스레이 기계

엑스레이(엑스선)는 광선이지만 눈으로 직접 볼 수 없어요. 친구 사라가 자전거를 타다 넘어져서 팔을 다쳤어요. 병원에서 엑스레이를 찍으면 의사가 팔의 뼈를 보고 뼈가 부러졌는지를 확인할 수 있어요.

엑스레이 기계가 사라의 팔 쪽으로 향해 있어요. 방사선사가 버튼을 누르면 엑스레이 빛줄기가 허공을 지나가요.

엑스레이는 사라의 팔에서 부드러운 피부와 근육은 통과하지만, 단단한 뼈는 통과하지 못해요. 뼈가 엑스레이를 차단해서 반대편에 그림자를 만들어요. 마치 손에 손전등을 비추면 그 뒤에 그림자가 생기는 것과 같아요.

검출기는 사라의 팔 반대편에 영상을 만들어요.

검출기는 컴퓨터와 연결되어 있어요. 화면에서 부드러운 신체 부위는 검거나 잿빛으로 나타나요. 단단한 뼈는 하얗게 보이죠. 그래서 의사는 뼈가 부러졌는지를 알 수 있어요. 불쌍하게도 사라의 팔이 부러졌어요!

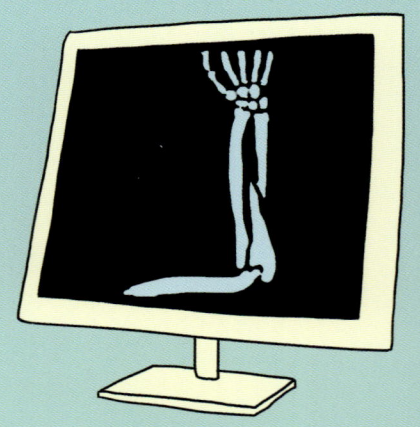

현미경

현미경을 사용해 본 적이 있나요? 현미경을 쓰면 보통 때 볼 수 없는 것을 볼 수 있어요. 작은 물건이나 곤충 또는 자기 피부조차도 들여다볼 수 있어요. 과학자들은 세포를 연구하고, 신약을 발명하고, 전자 물질을 만드는 등 훨씬 다양한 일을 하는 데 현미경을 사용해요. 현미경이 어떻게 작동하는지 알아봐요!

1. 작은 민들레 씨앗을 깔유리 위에 올려놓고 밑에서 램프로 불을 비춰요.

2. 관찰자는 접안렌즈로 들여다봐요.

3. 밑에서 씨앗을 비추는 빛이 대물렌즈를 통과해요. 대물렌즈는 물체가 실제보다 더 커 보이게 하는 구부러진 유리랍니다.

4. 빛은 경통을 통해 접안렌즈까지 전달돼요. 대물렌즈로 확대된 물체가 접안렌즈를 통해 또 한 번 확대되어 훨씬 크게 보여요. 이제 씨앗을 더 자세히 볼 수 있어요.

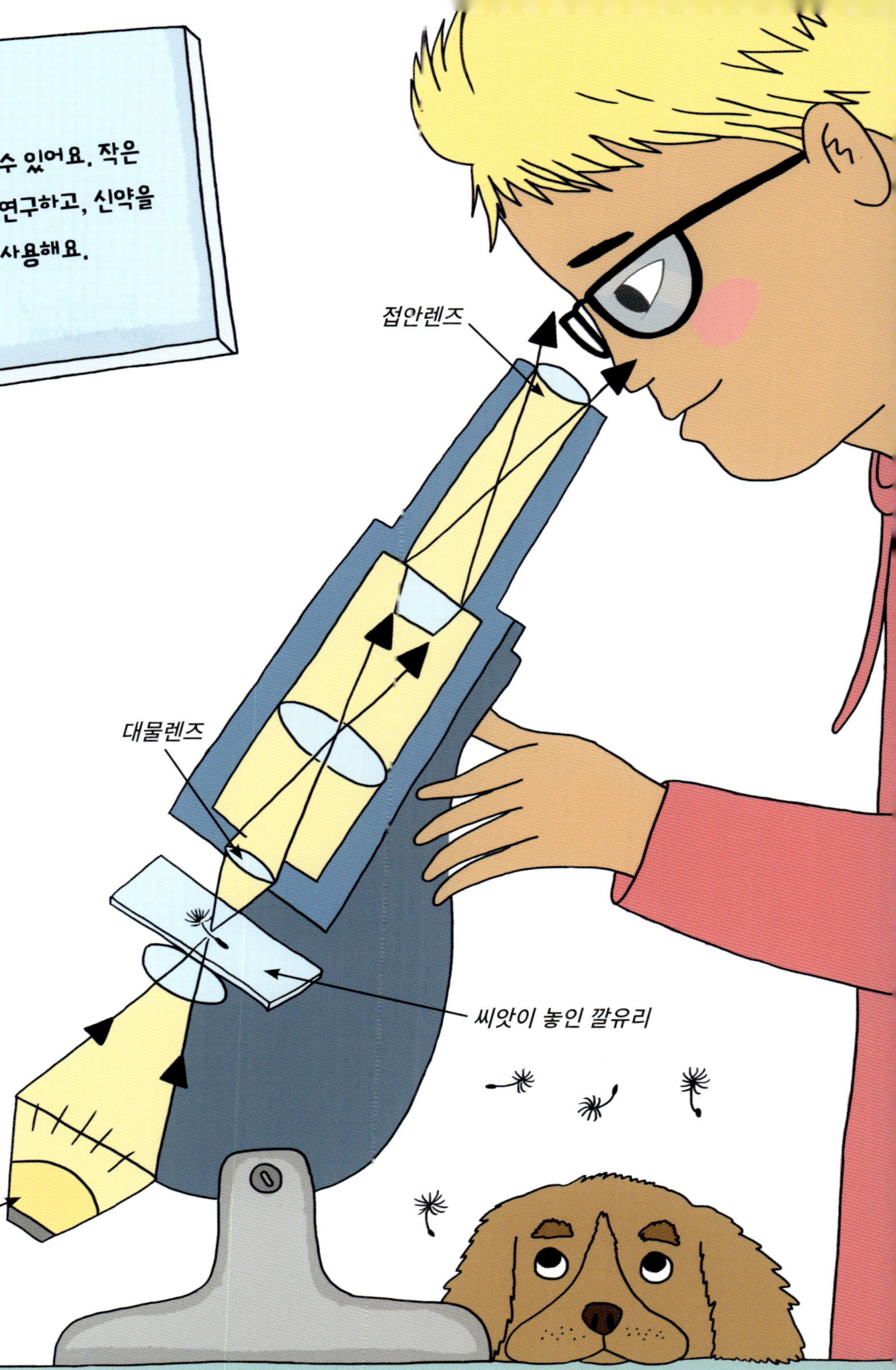

접안렌즈 / 대물렌즈 / 씨앗이 놓인 깔유리 / 램프

렌즈는 어떻게 물체를 커 보이게 할까요?

빛의 파장은 구부러진 렌즈를 통과할 때 렌즈의 옆쪽을 통과한 빛이 가운데를 통과한 빛보다 더 많이 꺾여요. 그러면 빛이 렌즈를 통과할 때 널리 퍼져서 물체가 더 커 보이죠.

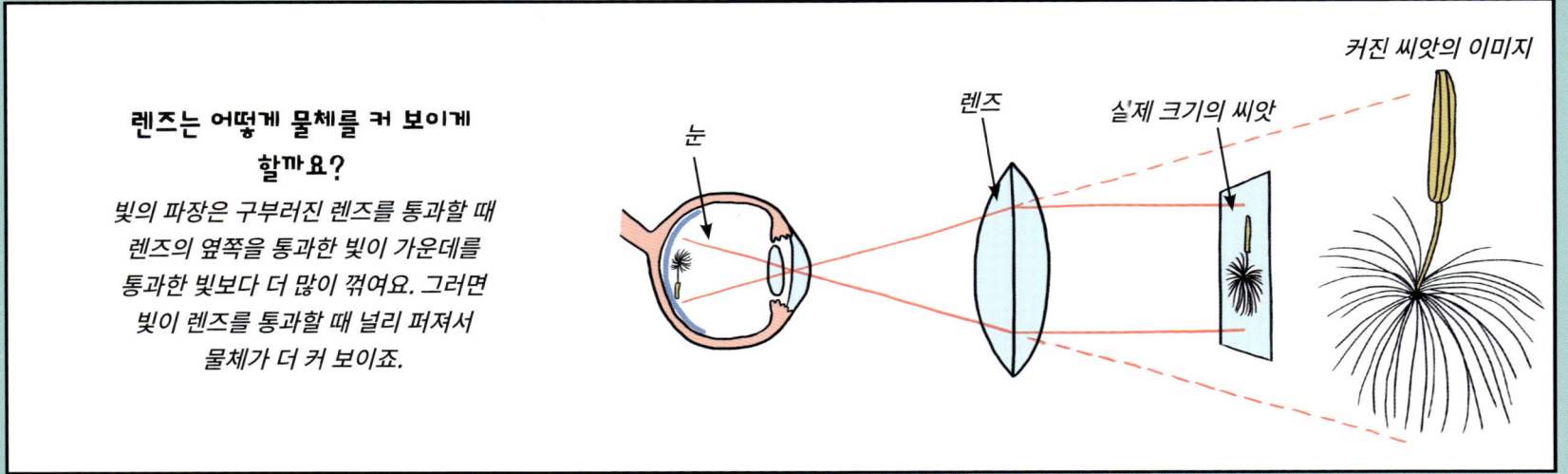

눈 / 렌즈 / 실제 크기의 씨앗 / 커진 씨앗의 이미지

소리를 전달하는 기계

마이크와 휴대 전화는 멀리 떨어져 있어도 누군가 말하거나 노래하는 소리를 듣게 해 줘요. 음파를 먼 거리도 이동할 수 있는 전기 신호로 바꾸기 때문이죠.

마이크와 스피커

가수는 청중이 노랫소리를 크고 또렷하게 들을 수 있게 마이크와 스피커를 사용해요. 이 기계들은 어떻게 작동할까요?

마이크

진동판

코일

자석

1 노래방에서 아빠가 무대에 올랐어요. 아빠가 노래를 크게 부르기 시작하자 목소리가 공기를 진동시켜요. 이렇게 음파(소릿결)가 생기죠.

2 음파가 마이크에 들어가서 진동판(디스크)에 부딪혀요. 진동판은 음파의 운동에 따라 진동해요.

3 진동판이 떨리면 전선을 감은 코일과 그 뒤의 자석도 떨리죠. 자석이 전선 근처에서 움직이면 전선에 전류가 흐르게 되죠. 진동은 음파와 똑같은 모양으로 움직이는 전기 신호를 만들어요.

4 전기 신호는 마이크에서 증폭기로 이동해요. 증폭기는 전압 또는 전력을 올려서 신호를 더 강하게 만들어요.

증폭기

스피커

5 스피커는 전기 신호가 전달되면 음파로 다시 바꿔서 내보는데 소리가 훨씬 더 커져서 많은 사람 속에 있는 여러분에게 전달되죠!

기차

자동차 운전자는 운전할 때 길을 고를 수 있지만 기차 기관사는 선로를 따라가야 해요. 기차는 다양한 방식으로 에너지를 얻어요. 옛날에는 증기의 힘으로 달렸지만 요즘에는 기차 대부분이 전기로 달리죠.

증기 기관차

최초의 증기 기관차는 1800년대에 만들어졌어요. 증기 기관차는 물건과 사람을 옮기는 방법을 싹 바꿨어요. 증기 기관차는 최대 시속 100킬로미터까지 달릴 수 있어요. 가장 빠른 사람조차도 그 속도로 한 번도 달려 본 적이 없죠. 그리고 기차는 전부 증기로만 움직였어요!

1 칙칙폭폭! 증기 기관차는 바퀴가 달린 커다란 주전자와 같아요. 석탄이나 때론 나무를 삽으로 퍼서 불에 넣어 계속 태워야 꾸준히 달려요. 그 불로 커다란 물탱크를 뜨겁게 데우죠.

2 끓는 물이 증기를 뿜어내어 실린더 안의 피스톤을 밀어내죠.

3 피스톤은 바퀴를 돌리는 크랭크축과 연결되어 있어요. 전속력으로 달려요!

전기 기관차

전기 기관차는 당연히 전기로 움직여요! 전기 기관차는 지붕 위에 연결된 케이블이나 바퀴가 달리는 두 레일 사이로 지나가는 제3의 레일에서 전기를 얻어요. 전기가 모터에 동력을 공급하면 바퀴가 움직이죠. 자세히 살펴봐요.

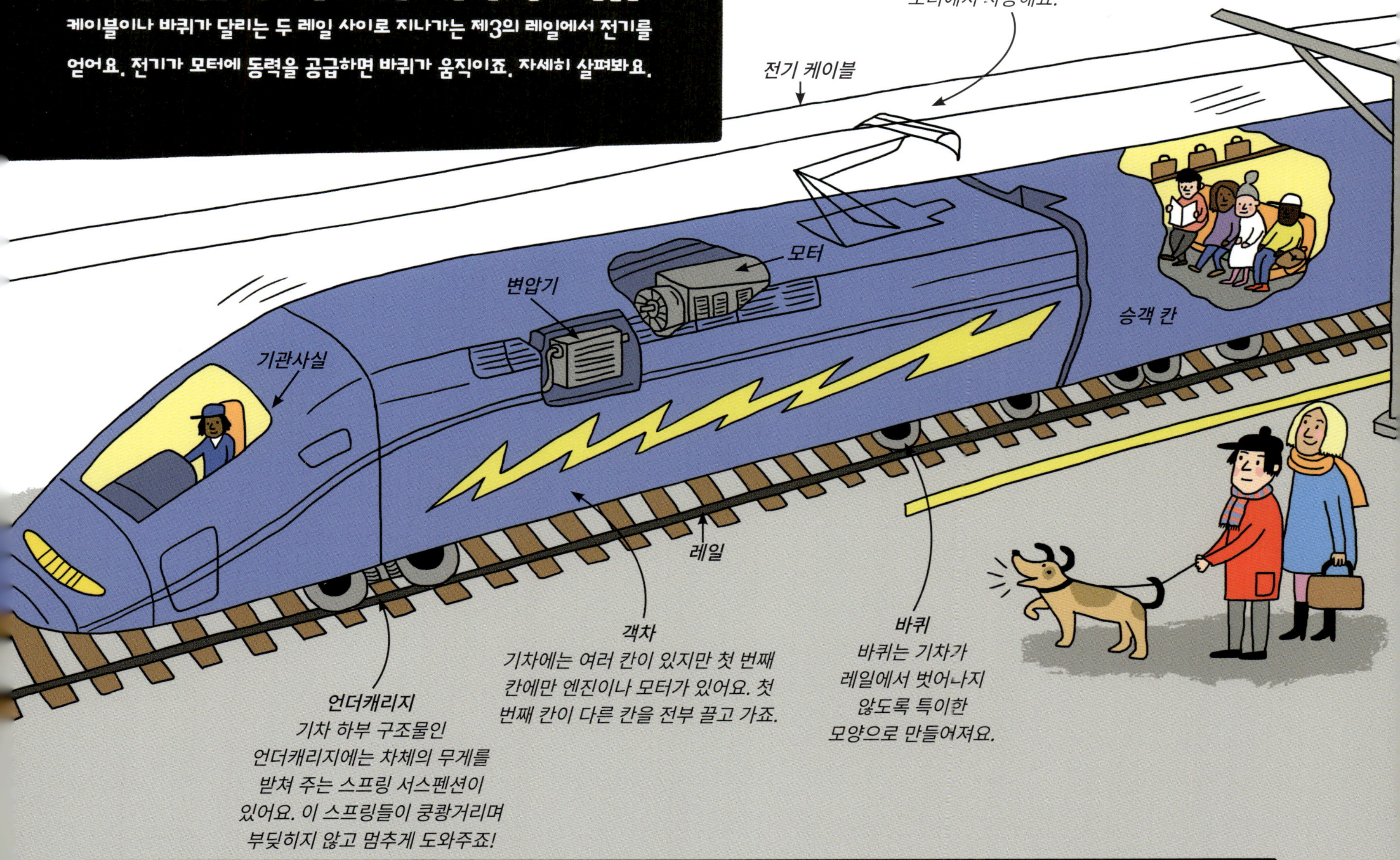

팬터그래프
고속 열차는 팬터그래프(기차 지붕에 고정된 장치)를 사용해, 지붕 위 케이블에서 전기를 모아요. 케이블의 고압 전류는 변압기를 통해 낮은 전압으로 바뀐 뒤 모터에서 사용해요.

전기 케이블

변압기

모터

기관사실

승객 칸

레일

객차
기차에는 여러 칸이 있지만 첫 번째 칸에만 엔진이나 모터가 있어요. 첫 번째 칸이 다른 칸을 전부 끌고 가죠.

언더캐리지
기차 하부 구조물인 언더캐리지에는 차체의 무게를 받쳐 주는 스프링 서스펜션이 있어요. 이 스프링들이 쿵쾅거리며 부딪히지 않고 멈추게 도와주죠!

바퀴
바퀴는 기차가 레일에서 벗어나지 않도록 특이한 모양으로 만들어져요.

선로 따라가기

기차는 선로를 따라가다 목적지에 도착해요. 바퀴는 '침목'이라는 나무토막 위에 고정한 강철 레일을 따라 달려요. 침목은 선로를 만들 때 함께 쓰이죠. 레일들은 기차 바퀴와 정확히 같은 거리만큼 떨어져 있어요. 그 거리를 '궤간'이라고 불러요. 기차가 다른 선로로 옮겨야 할 때는 '분기기'라고 부르는 장치를 사용해요.

분기기

여기서 기차는 계속 직진할 거예요.

여기서 분기기를 사용하면 기차가 오른쪽으로 돌 거예요.

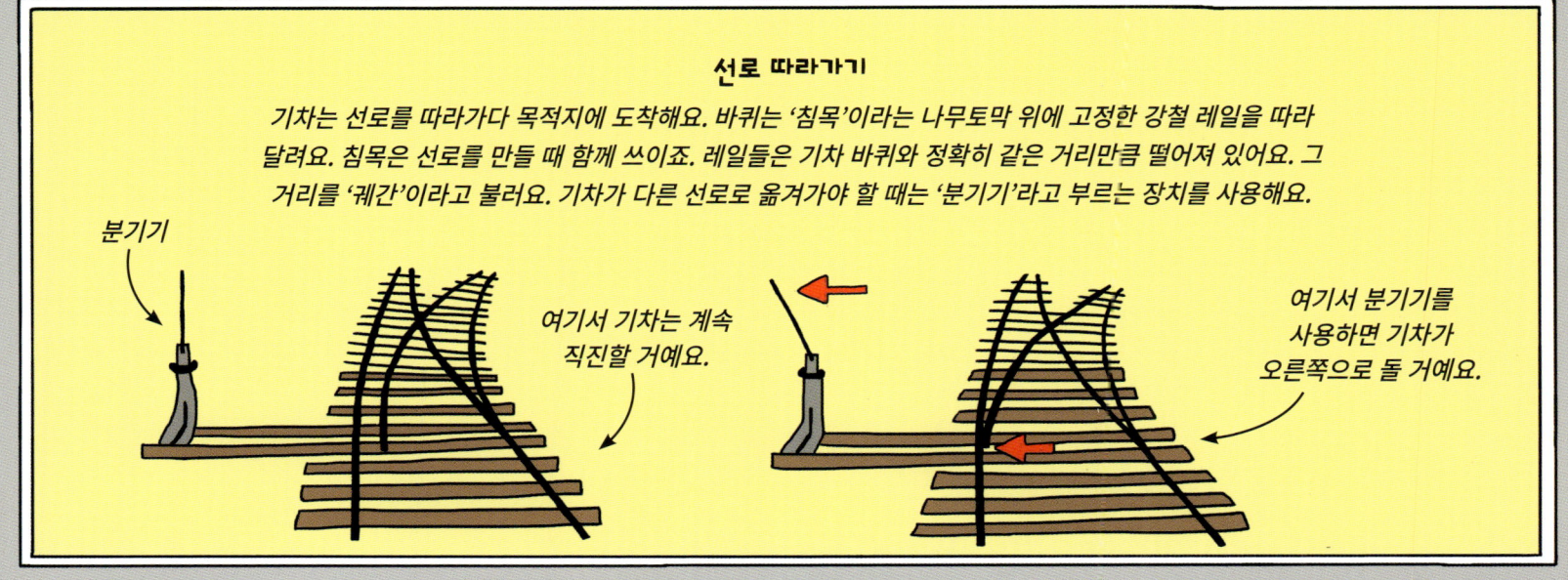

연료 없이 움직이는 기계

자전거를 탔을 때 시원한 바람이 얼굴을 스치면 기분이 좋았나요? 손수레를 본 적 있나요? 그럼 그 기계들이 어떻게 움직이는지 아나요? 자전거와 손수레는 다른 기계와 달리 연료가 없어도 움직여요. 여러분만 있으면 되죠!

1. 자전거를 타려면 발로 페달을 밟아서 작은 원을 그리며 돌려요. 그러면 체인링의 톱니바퀴가 돌아가죠. 체인링에는 보통 크고 작은 톱니바퀴가 하나씩 두 개 들어 있어요. 톱니바퀴에는 뾰족뾰족 일정한 간격의 톱니가 있는데, 바퀴가 클수록 톱니가 더 많아요.

2. 체인링은 뒷바퀴에 있는 카세트(톱니바퀴의 모음)에 체인으로 연결되어 있어요. 체인은 체인링에 있는 톱니바퀴 한 개와 카세트에 있는 톱니바퀴 한 개의 주위를 둘러싸고 있어요.

3. 페달을 밟아 앞 톱니바퀴가 돌아가면 체인을 끌어당겨요. 그다음에 뒤 톱니바퀴가 돌아가면서 뒷바퀴를 돌려요. 앞바퀴는 뒷바퀴가 움직이면 앞으로 밀리죠.

자전거

쉽고 빠르게 동네를 둘러보고 싶나요? 자전거를 타면 걷는 것보다 훨씬 빨라요. 게다가 자전거는 연료가 필요 없어요. 근육으로 에너지를 제공하거든요! 자전거가 어떻게 작동하는지 살펴봐요!

손수레

손수레는 지렛대, 바퀴와 축이라는 두 가지의 간단한 기계로 이뤄졌어요. 두 가지를 함께 쓰면 무거운 물건을 훨씬 쉽게 들어서 이쪽에서 저쪽으로 옮길 수 있어요.

손수레에서 바퀴는 받침점이죠. 무거운 짐(여기서는 진흙투성이 돼지!)은 바퀴에 가깝게 놓여 있고 손잡이는 훨씬 뒤쪽에 있어요. 짐이 손잡이에서 멀어질수록 들어 올리기가 더 쉬워요. 그다음엔 바퀴와 축이 짐을 나르게 도와주죠.

튼튼한 손수레는 최대 270킬로그램까지 들 수 있어요. 돼지 무게와 거의 같아요!

지렛대

바퀴(받침점이기도 함)

축

브레이크

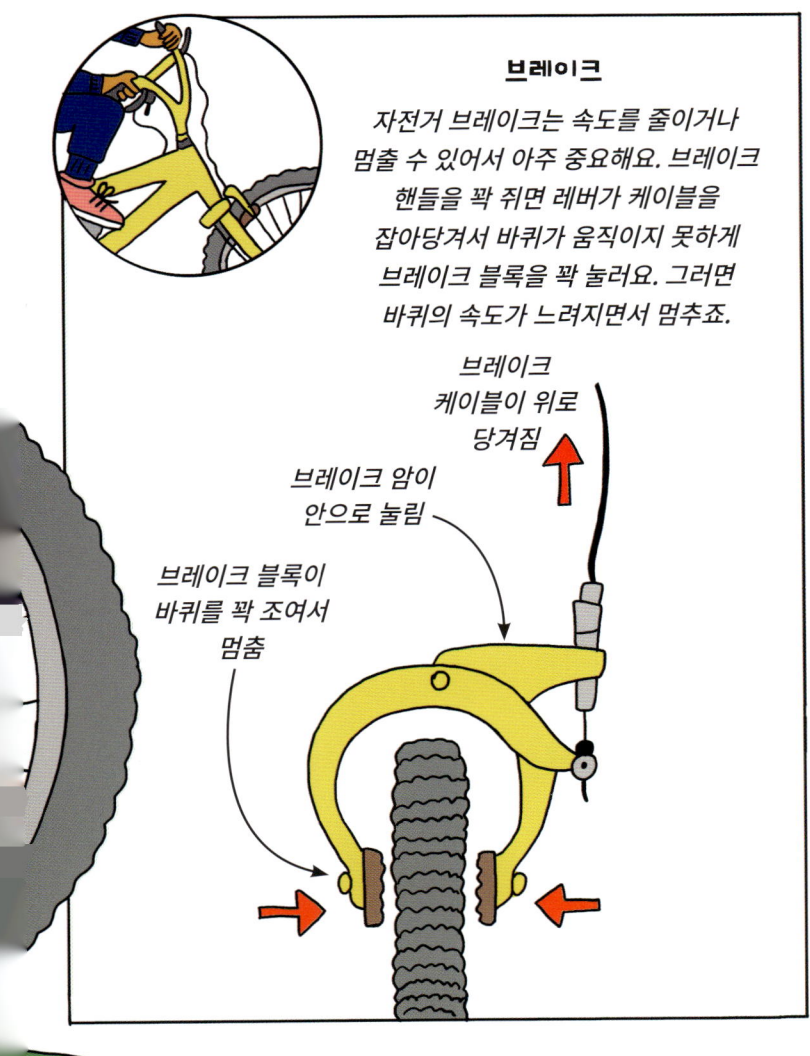

자전거 브레이크는 속도를 줄이거나 멈출 수 있어서 아주 중요해요. 브레이크 핸들을 꽉 쥐면 레버가 케이블을 잡아당겨서 바퀴가 움직이지 못하게 브레이크 블록을 꽉 눌러요. 그러면 바퀴의 속도가 느려지면서 멈추죠.

브레이크 케이블이 위로 당겨짐

브레이크 암이 안으로 눌림

브레이크 블록이 바퀴를 꽉 조여서 멈춤

기어

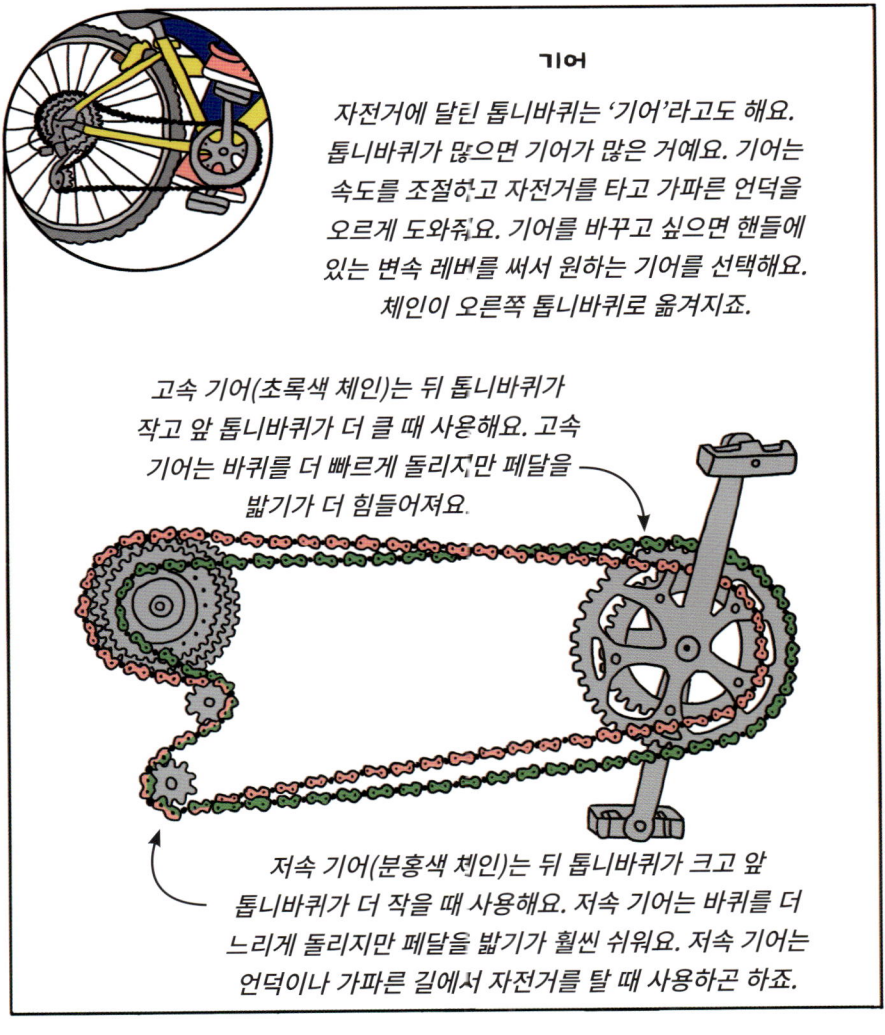

자전거에 달린 톱니바퀴는 '기어'라고도 해요. 톱니바퀴가 많으면 기어가 많은 거예요. 기어는 속도를 조절하고 자전거를 타고 가파른 언덕을 오르게 도와줘요. 기어를 바꾸고 싶으면 핸들에 있는 변속 레버를 써서 원하는 기어를 선택해요. 체인이 오른쪽 톱니바퀴로 옮겨지죠.

고속 기어(초록색 체인)는 뒤 톱니바퀴가 작고 앞 톱니바퀴가 더 클 때 사용해요. 고속 기어는 바퀴를 더 빠르게 돌리지만 페달을 밟기가 더 힘들어져요.

저속 기어(분홍색 체인)는 뒤 톱니바퀴가 크고 앞 톱니바퀴가 더 작을 때 사용해요. 저속 기어는 바퀴를 더 느리게 돌리지만 페달을 밟기가 훨씬 쉬워요. 저속 기어는 언덕이나 가파른 길에서 자전거를 탈 때 사용하곤 하죠.

학교에서 쓰는 기계

'스테이플러와 가위는 기계가 아니야! 도대체 이 책에 왜 있지?'라고 생각하나요? 스테이플러와 가위는 실제로 정말 기발한 기계랍니다!

스테이플러

스테이플러는 1700년대에 프랑스 왕을 위해 처음으로 만들어졌어요. 오늘날에는 집, 학교, 사무실 등에서 스테이플러를 사용해요. 어떻게 작동하는지 알아볼까요?

1 종이 왕관을 만들려면, 한쪽을 뾰족이 자른 직사각형 종이 양 끝을 스테이플러로 고정해야 해요. 한쪽 끝을 다른 쪽 끝 위에 올려놓고 겹친 부분을 스테이플러 머리와 바닥 사이에 둬요.

2 스테이플러를 위에서 누르면 헤머라는 부분이 앞쪽의 철심을 밑으로 눌러서 철심이 두 장의 종이를 통과해요.

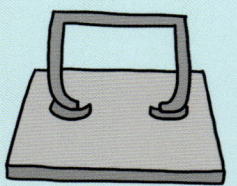

3 스테이플러의 바닥은 정말로 기발한 부분이에요. 바닥에는 홈이 있고 철심의 두 끝이 홈으로 들어가요. 위에서 밑으로 누르는 힘 때문에 철심이 안으로 구부러져서 종이를 깔끔하게 고정하죠. 만세! 머리에 왕관을 써 봐요!

스테이플러 내부

스테이플러를 분해해서 모든 부품을 살펴보면 작은 부품 하나하나 모두 쓸모가 있어요.

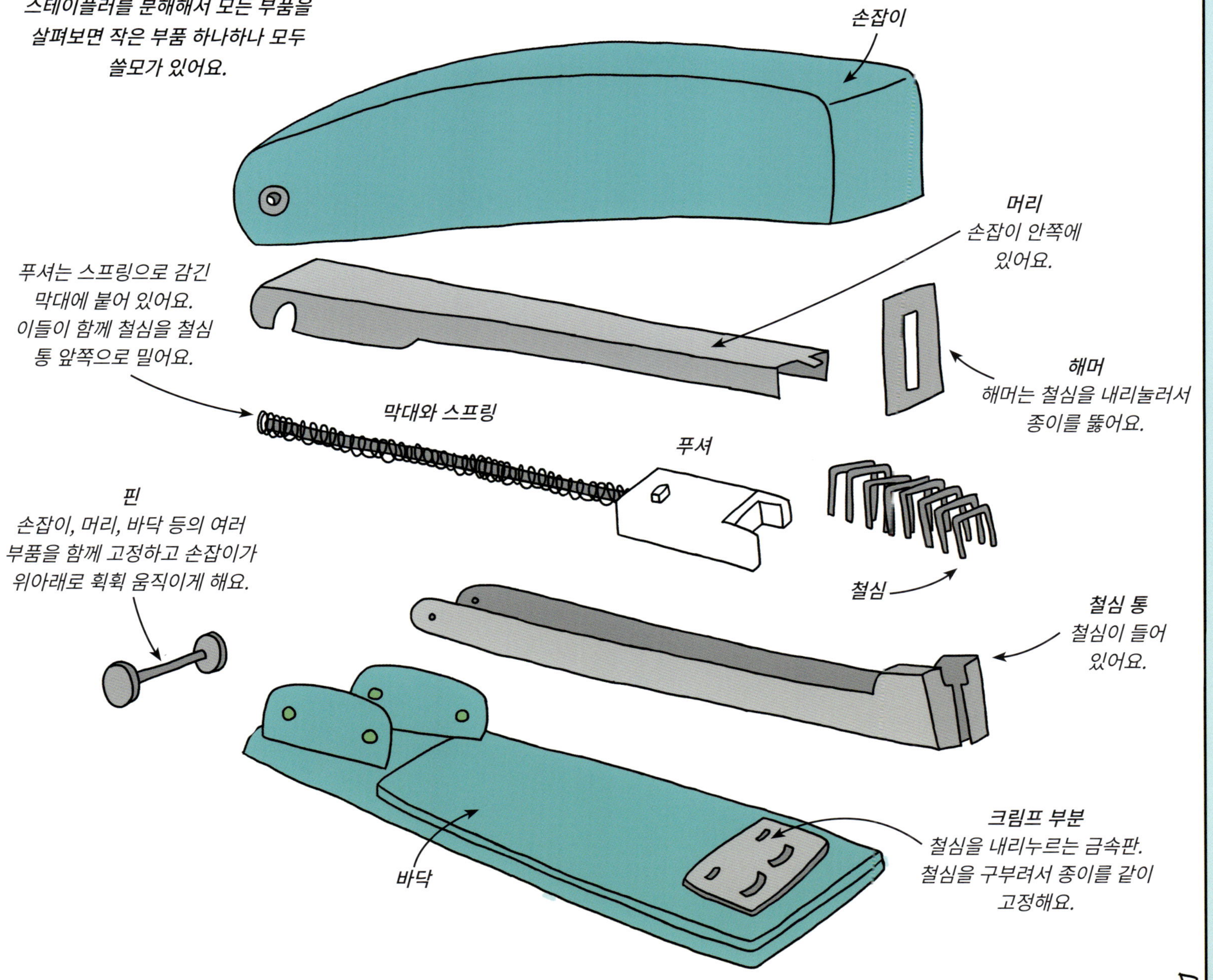

손잡이

머리
손잡이 안쪽에 있어요.

푸셔는 스프링으로 감긴 막대에 붙어 있어요. 이들이 함께 철심을 철심 통 앞쪽으로 밀어요.

막대와 스프링

푸셔

해머
해머는 철심을 내리눌러서 종이를 뚫어요.

핀
손잡이, 머리, 바닥 등의 여러 부품을 함께 고정하고 손잡이가 위아래로 휙휙 움직이게 해요.

철심

철심 통
철심이 들어 있어요.

바닥

크림프 부분
철심을 내리누르는 금속판. 철심을 구부려서 종이를 같이 고정해요.

가위

어떻게 가위가 그렇게 깔끔하고 똑바로 자를 수 있는지 궁금했던 적은 없나요?

가위는 지렛대인 손잡이와 쐐기로 된 가윗날, 이렇게 두 개의 기계가 하나에 있어요. 손잡이는 받침점에서 합쳐지죠. 손잡이를 꽉 쥐면 지렛대를 누르는 거예요. 그러면 다른 쪽에 자르는 센 힘이 생기죠. 가윗날은 한 쌍의 쐐기가 십자 모양으로 같이 고정되어 있으며 받침점을 중심으로 움직이죠. 가윗날은 서로 바짝 닿아서 교차하므로 얇은 물건을 깔끔하게 자를 수 있어요.

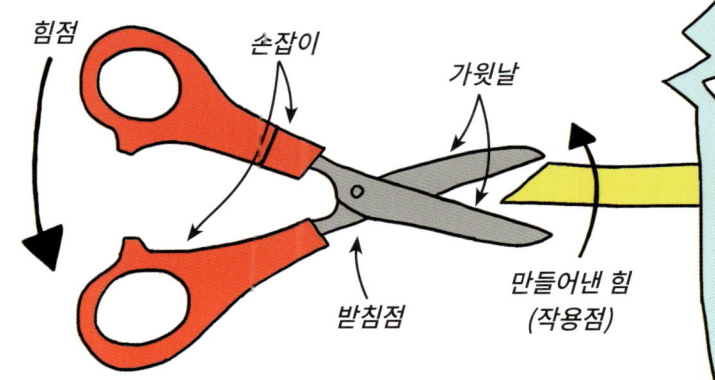

힘점, 손잡이, 가윗날, 받침점, 만들어낸 힘 (작용점)

31

시원하게 해 주는 기계

냉장고는 음식을 시원하고 신선하게 유지해 줘요. 무더운 날에는 시원하고 상쾌하게 지내려고 에어컨을 켜죠. 이런 기계들은 어떻게 작동할까요? 계속 읽으면서 알아봐요.

냉장고

깜박 잊고 냉장고에서 우유를 꺼내놓은 채 그냥 둔 적은 없나요? 아마 다음 날엔 우유가 상했을 거예요. 음식을 상하게 만드는 박테리아는 차가운 온도에서 더디게 증가하므로 냉장고는 음식을 신선하게 유지해 줘요. 어떻게 냉장고가 차갑게 유지될까요?

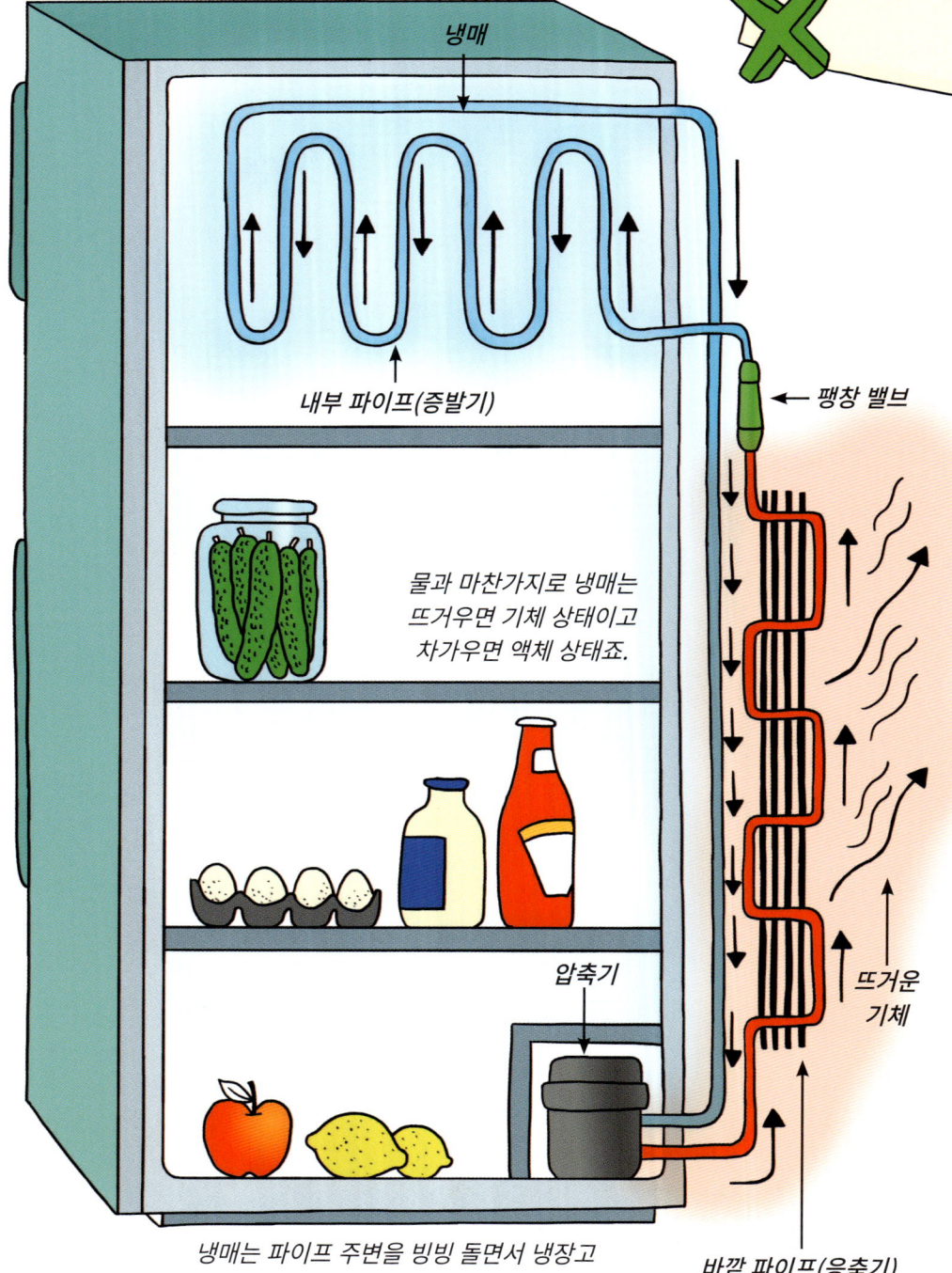

내부 파이프(증발기)
냉매
팽창 밸브
물과 마찬가지로 냉매는 뜨거우면 기체 상태이고 차가우면 액체 상태죠.
압축기
뜨거운 기체
바깥 파이프(응축기)
냉매는 파이프 주변을 빙빙 돌면서 냉장고 내부에서 열을 흡수해서 외부로 가져가요.

1
냉장고에는 압축기가 있어서 기체 상태의 '냉매'를 좁은 공간에 꽉 눌러 넣어요. 그러면 기체가 더 뜨거워지죠.

2
뜨거운 기체는 냉장고 바깥 파이프로 흘러 들어가요. 기체는 주변 공기에 의해 차가워져서 액체로 변해요.

3
액체는 압력을 줄이는 팽창 밸브를 통과하면서 더욱 차가워져요.

4
차가운 액체는 냉장고 안의 더 많은 파이프로 흘러 들어가요. 액체가 냉장고 안의 열을 흡수해서 공기를 차갑게 만들어요.

5
주변 열을 빼앗아 따뜻해진 액체는 다시 기체로 변하죠. 기체가 된 냉매는 압축기로 되돌아가서 순환 과정을 또 시작하죠.

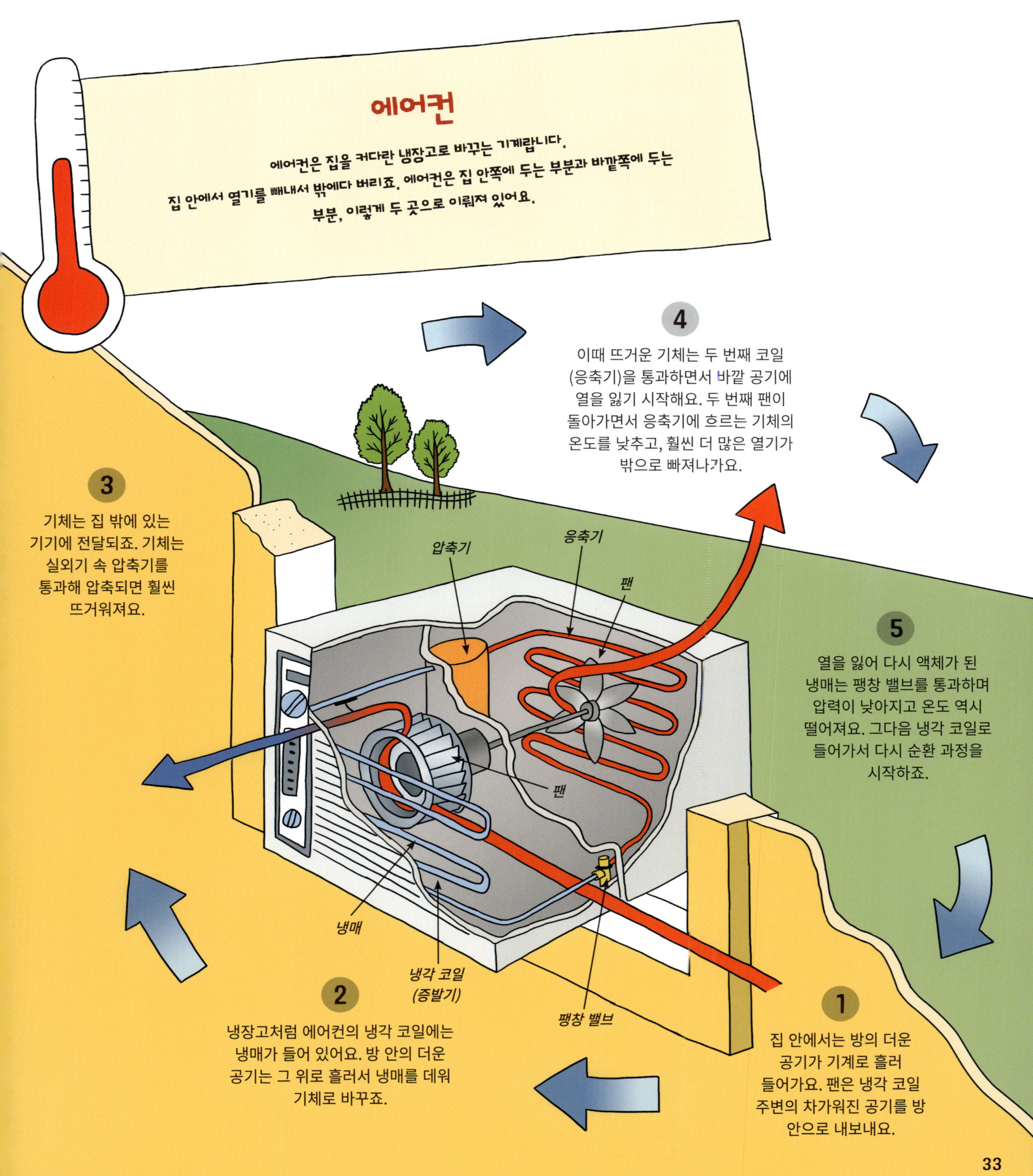

따뜻하게 해 주는 기계

아늑한 집에서 편하게 앉아 따뜻한 음식을 맛있게 먹는 것보다 즐거운 일이 있을까요? 그런데 집은 어떻게 따뜻해지고 음식은 어떻게 익는지 궁금하지 않나요?

라디에이터

라디에이터는 주로 뜨거운 물을 이용해서 방 안의 공기를 데우는 방식으로 작동해요. 열은 금속을 통해 쉽게 전달되기 때문에 라디에이터는 금속으로 만들어져요. 하나의 라디에이터가 방 전체를 따뜻하게 만들 수 있어요.

1
물은 보일러에서 가열된 뒤 파이프를 통해 집 안 곳곳에 있는 라디에이터로 전달돼요.

2
각 라디에이터는 한쪽은 물이 들어가는 파이프와 다른 쪽은 물이 나오는 파이프와 연결되어 있어요. 뜨거운 물이 라디에이터에서 흐르며 금속 표면을 가열해요.

3
뜨거운 라디에이터는 주변 공기를 데워요. 공기는 뜨거워지면서 가벼워져 위로 올라가죠. 뜨거운 공기가 상승하면 그 자리를 차가운 공기가 내려와 채우면서 밑에 있는 라디에이터에 도달하죠.

4
물은 곳곳의 라디에이터를 지나가면서 서서히 식어요. 식은 물은 보일러로 다시 보내서 재가열해요.

전자레인지

태양은 에너지 파장으로 지구에 열을 보내서 우리를 따뜻하게 해요. 이렇게 빛으로 열이 직접 전달되는 방법을 '복사'라고 해요. 전자레인지로 맛있는 음식을 데우는 것도 복사 현상의 하나예요.

1 전자레인지 안에 수프를 넣고 시간을 맞춘 다음에 시작 버튼을 눌러요. 그럼 마그네트론(마이크로파를 일으키는 진공관)이 전기를 파동 에너지로 바꾸어 회전하는 팬 쪽으로 보내요.

2 물결처럼 일정한 간격으로 떠는 마이크로파는 금속으로 된 벽에 닿으면 반사되어 음식에 흡수돼요.

팬 / 파동 / 마그네트론 / 음식

3 회전판은 마이크로파가 구석구석 닿도록 수프를 빙글빙글 돌려요.

4 마이크로파는 수프에 있는 모든 물 분자를 흔들어 서로 마찰시켜요. 물체가 서로 마찰하면 뜨거워지죠. 땡! 시간이 다 되었어요. 따뜻한 수프를 맛있게 먹어요!

퍼시 스펜서(1894~1970)

1940년대 제2차 세계 대전 중에 미국의 엔지니어인 퍼시 스펜서는 무선 전파를 이용해서 배와 비행기의 위치를 찾는 시스템인 레이더를 연구하고 있었어요. 어느 날, 그는 마그네트론 옆에 서 있었는데 주머니 속 초콜릿이 녹아 버렸다는 것을 알았어요. 스펜서는 마그네트론에서 나오는 마이크로파가 음식을 익힐 수 있다는 사실을 깨달았죠. 스펜서는 운 좋게도 그 사실을 알아내어 전자레인지를 최초로 발명했답니다.

두 손바닥을 빠르게 문지르면 따뜻해져요. 마치 전자레인지로 데운 음식 속 물 분자들처럼 말이죠.

재미를 주는 기계

좋아하는 장난감이 실제로 어떻게 움직이는지 궁금하지 않나요?
재밌는 장난감 뒤에 숨겨진 과학을 찾아봐요.

무선 조종 장난감

생일에 무선 조종 자동차를 선물로 받았어요. 정말 재밌게 갖고 놀았는데 정확히 어떻게 움직이는 걸까요?

1 무선 조종 자동차에는 차를 좌우로 돌리는 레버와 앞뒤로 움직이는 레버가 달린 휴대용 조종기가 있어요. 안테나도 달려 있고요. 레버를 누르면 조종기 안에 있는 두 개의 전선이 서로 밀어내요.

2 그러면 전기 신호를 만드는 전기 회로가 완성되죠. 조종기 안의 송신기는 신호를 잡아서 전파로 바꿔요. 그다음에 안테나가 전파를 1초에 수천 번 자동차로 보내요. 전파는 자동차가 어디로 가야 하는지 방향과 같은 정보를 전달해요.

3 자동차에 달린 안테나는 전파를 받아서 차 안의 회로 기판으로 보내죠.

스카이 콩콩

스카이 콩콩으로 불리는 포고 스틱은 스프링에 저장된 에너지를 써요.

1 스카이 콩콩은 스프링의 작용으로 움직여요. 스카이 콩콩 발판을 밟으면 여러분의 몸무게만큼 스프링이 눌려요. 스프링은 압축 에너지를 흡수해서 저장해요. 이제 가득 찬 에너지를 내보낼 준비가 되었어요.

2 여러분이 위로 움직이기 시작하면 스프링은 팽창해서 에너지를 방출해 여러분을 위로 밀어줄 거예요. 와아!

4 회로 기판의 마이크로칩은 전파의 패턴을 인식해서 지시를 따르죠. 그리고 조종 자동차의 배터리에서 오른쪽 모터로 전기를 공급해 줘요. 보통은 모터가 두 개 있어요. 하나는 앞바퀴를 좌우로 돌리고 다른 하나는 뒷바퀴를 앞뒤로 회전시키죠. 이제 곰 인형이랑 드라이브하러 가요!

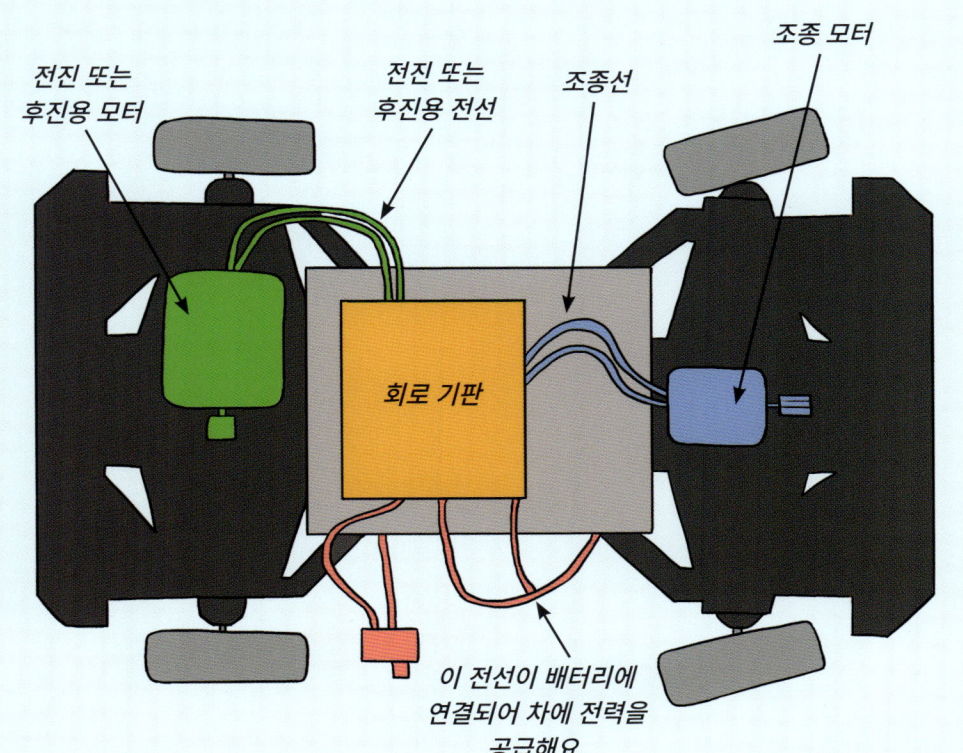

전진 또는 후진용 모터 · 전진 또는 후진용 전선 · 조종선 · 조종 모터 · 회로 기판 · 이 전선이 배터리에 연결되어 차에 전력을 공급해요.

배터리는 어떻게 작동할까요?

배터리의 양쪽 끝에는 '+'로 표시되는 양극과 '-'로 표시되는 음극이 있어요. 음극에는 음의 전기를 띤 '전자'라는 아주 작은 입자가 모여요. 배터리 양쪽 끝에 전선을 연결해서 전기가 다닐 수 있는 길, 즉 회로를 만들어 주면 그 길을 따라 전자가 이동해요. 전자의 이동은 전기를 만들어서 모터와 다른 전기 장치에 전력을 공급할 수 있어요.

안전을 지켜 주는 기계

중요한 기계 중에는 우리의 안전을 지켜 주는 기계가 있어요. 경보음으로 사고나 위험을 알리거나 자물쇠와 열쇠처럼 안전을 유지하지요. 구원자와 같은 이런 기계들은 매일 어떻게 움직일까요?

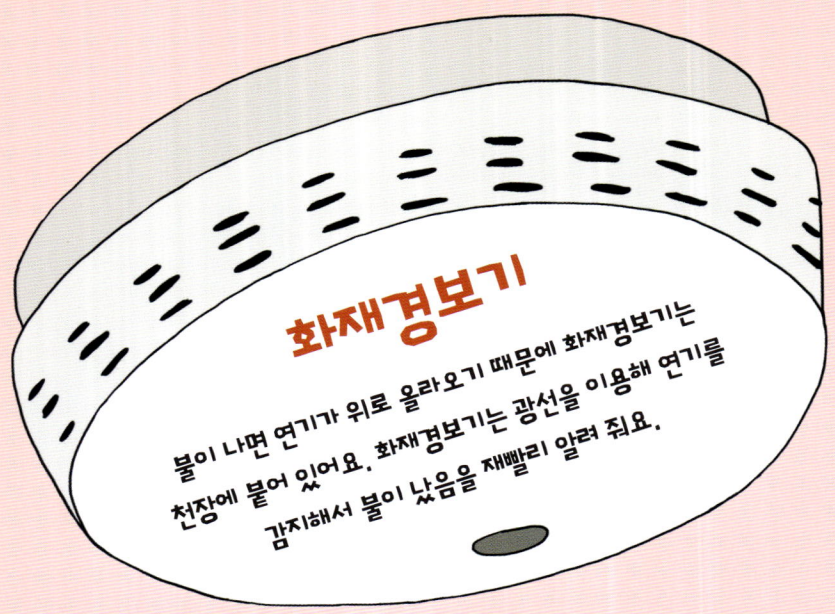

화재경보기

불이 나면 연기가 위로 올라오기 때문에 화재경보기는 천장에 붙어 있어요. 화재경보기는 광선을 이용해 연기를 감지해서 불이 났음을 재빨리 알려 줘요.

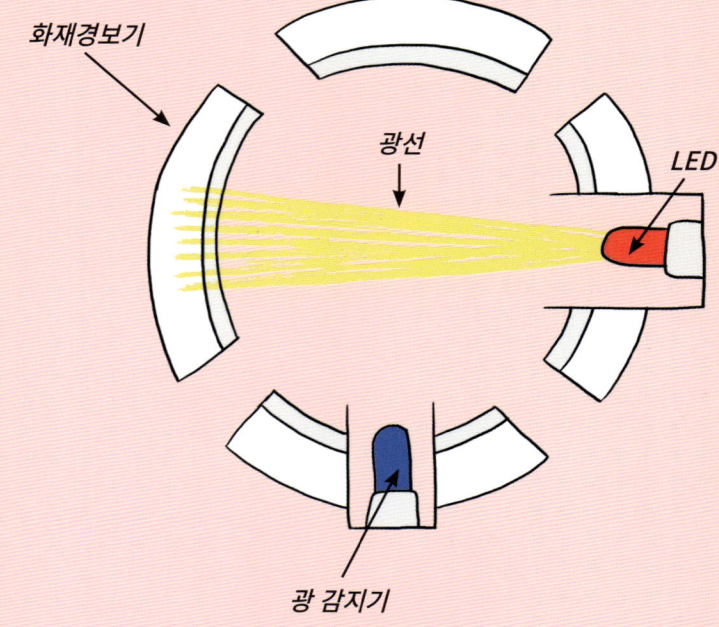

 1

화재경보기 안에 있는 LED(발광 다이오드) 장치가 10초마다 광선을 만들어요. 빛은 직선으로 움직이므로 광 감지기에 닿지 않아요.

2

예를 들어 토스트를 태워 방에서 연기가 나면 연기는 위로 올라가서 화재경보기 옆에 있는 구멍을 통해 안으로 들어가요.

 3

연기가 화재경보기에 들어가면 빛이 흩어져요. 일부는 광 감지기에 도달하죠.

 4

광 감지기는 신호를 전기 회로에 보내요. 전기가 회로 주변에 흐르면 경보가 울리죠.

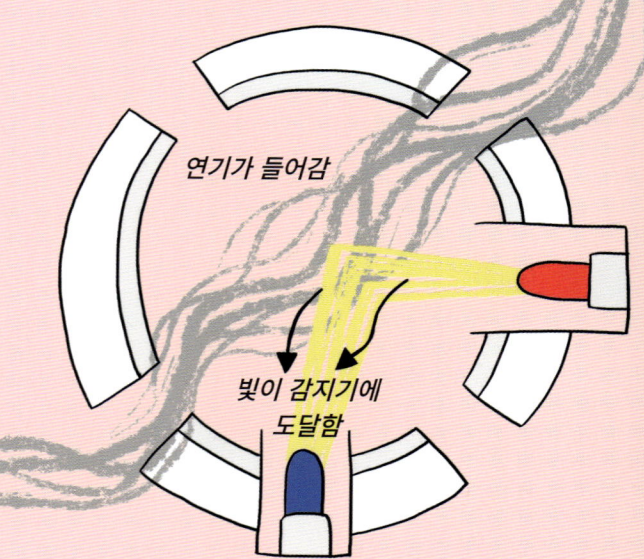

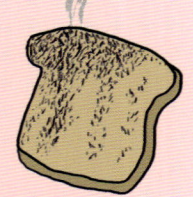

출입문 자물쇠

자물쇠에 맞는 열쇠를 넣고 돌리면 문이 찰칵 열려요. 맞지 않는 열쇠를 사용하면 자물쇠는 꿈쩍도 하지 않아요! 가장 일반적인 자물쇠는 실린더 자물쇠로 현관문에 많이 쓰이죠. 자물쇠를 열려면 실린더를 돌리기만 하면 돼요. 하지만 말처럼 간단하지 않아요! 한번 알아볼까요.

1
실린더 내부에는 길이가 다른 핀이 두 세트 있어요. 빨간 핀은 파란 핀 위에 있어요. 스프링이 빨간 핀을 실린더 안으로 밀어 넣어서 고정하면 실린더가 돌아가지 않아요.

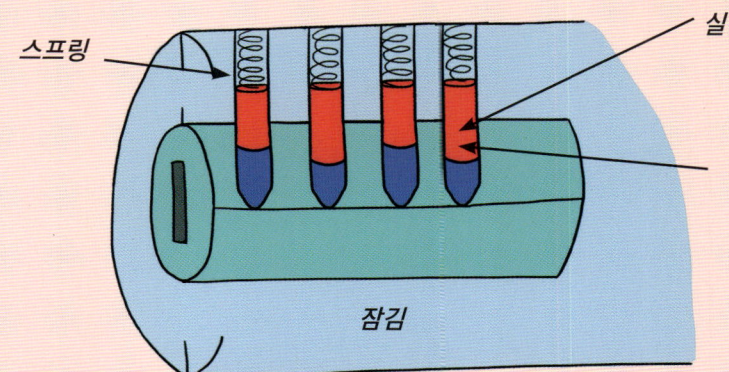

스프링 · 네 개의 빨간 핀은 실린더가 돌아가지 못하게 해요. · 핀 · 잠김

2
실린더를 돌리려면 열쇠를 사용해요. 맞는 열쇠는 딱 맞는 길이의 삐뚤삐뚤한 부분이 있어서 빨간 핀을 밀어 올려 실린더를 밀어낼 수 있어요.

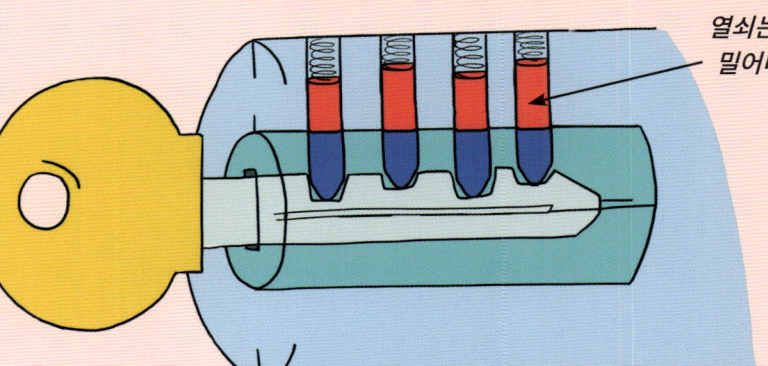

열쇠는 핀을 실린더 밖으로 밀어내서 돌릴 수 있어요.

3
이제 어떤 핀도 실린더의 회전을 막지 못해요. 열쇠가 실린더를 돌리면 자물쇠 잠금이 풀려 문을 열 수 있어요.

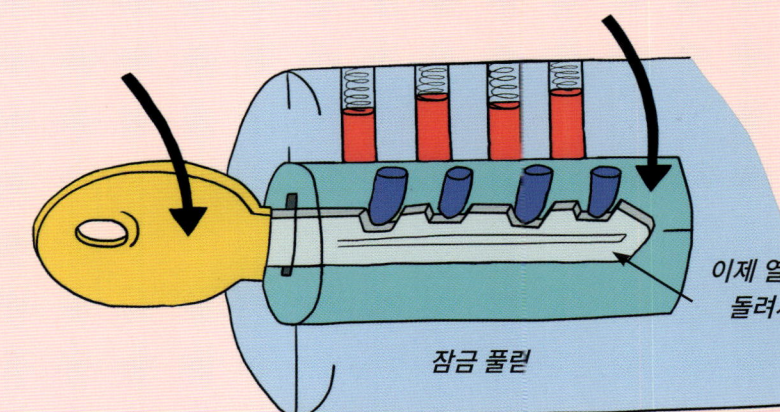

이제 열쇠는 실린더를 돌려서 문을 열 수 있어요.

잠금 풀림

우리는 상당히 오랫동안 출입문 자물쇠를 사용해 왔어요. 고대 이집트 사람들은 약 6000년 전에 자물쇠를 최초로 만들었어요!

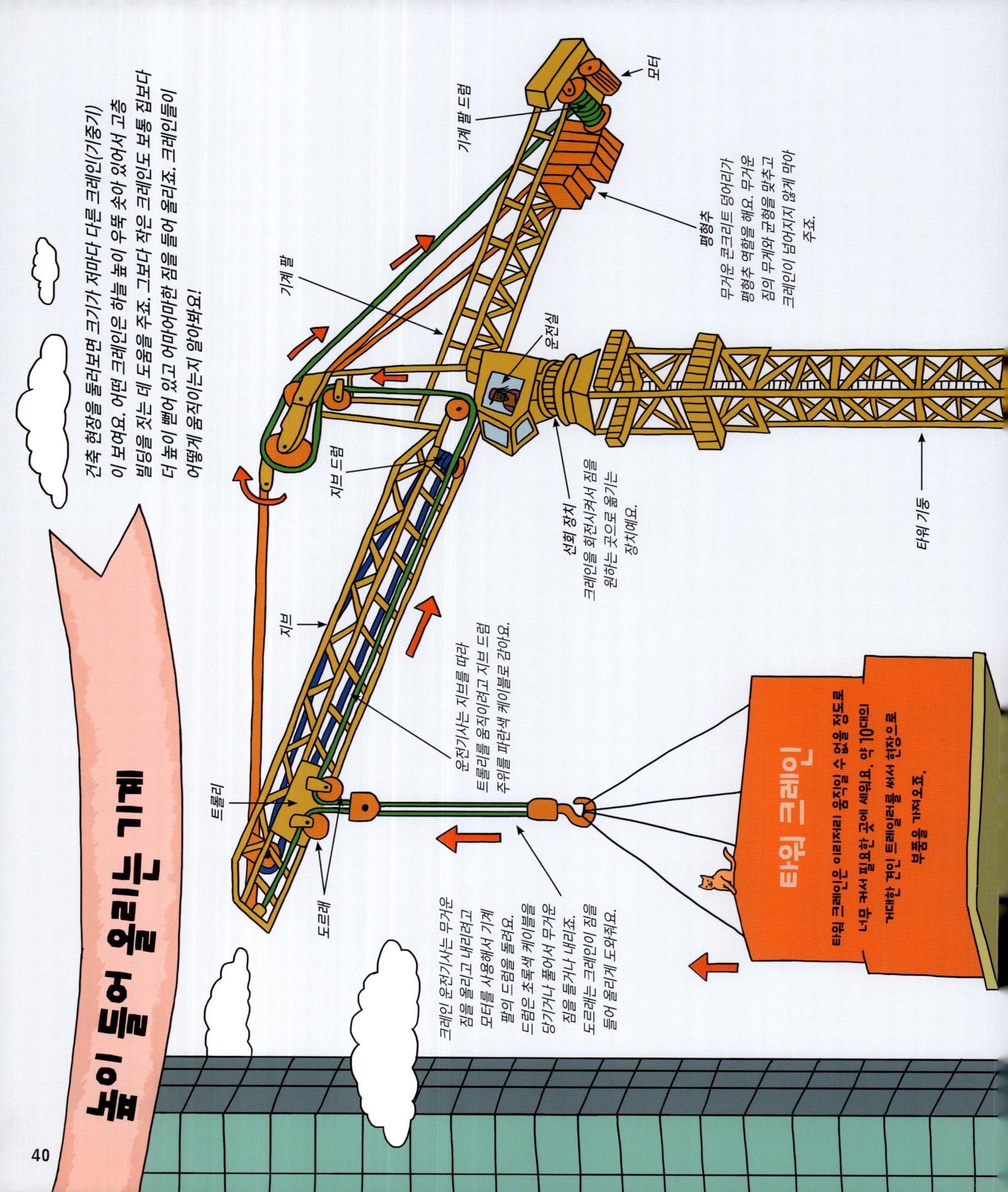

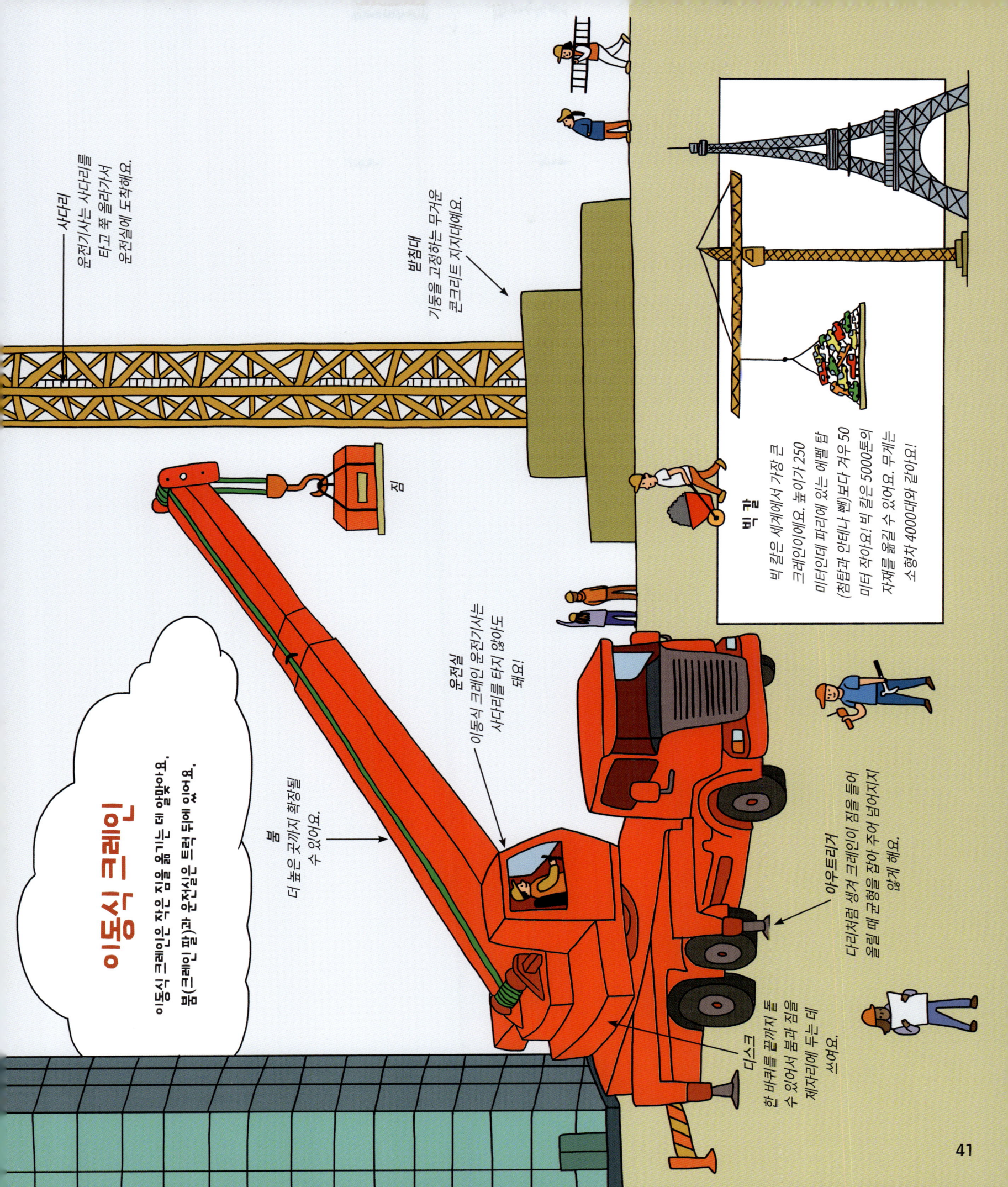

세계에서 가장 큰 기계

정말 거대한 기계가 몇 개 있지만, 본 사람은 거의 없어요. 길이가 약 27킬로미터인 대형 강입자 충돌기 (Large Hadron Collider, LHC)는 세계에서 가장 큰 기계죠. 유럽 입자물리학 연구소 세른(CERN)은 대형 강입자 충돌기를 스위스 지하 100미터 떨어진 곳에 숨겨 뒀어요.

1

입자 빔은 먼저 슈퍼 양성자 가속기를 통해 속도를 올려요. 그다음에 충돌기(엄청나게 크고 둥근 터널) 로 들어가 반대 방향으로 날아가죠.

2

입자 빔은 터널 벽에 늘어선 1200개 이상의 전자석(전류가 흐르면 자석이 되는 금속 조각)이 만든 자기장에 이끌려 네 개의 교차점으로 가 충돌해요. 자석마다 길이가 15미터이고 무게가 35톤이나 되죠!

3

입자는 거의 빛의 속도로 다른 입자와 충돌해요. 1초마다 10억 번이나 충돌하죠! 입자가 충돌하면 훨씬 더 작은 입자인 아원자 입자로 쪼개져요.

4

검출기가 네 곳에서 일어난 충돌 데이터를 수집해서 지상에 있는 컴퓨터와 과학자에게 보내요. 과학자들은 이 데이터를 이용해서 신비에 싸인 과학을 풀려고 해요. 어떤 과학자들은 특정 입자나 새로운 입자를 찾으려 하고, 어떤 과학자들은 빅뱅(우주의 탄생을 가져온 거대한 폭발)에 대해 더 많이 밝혀내려고 하지요.

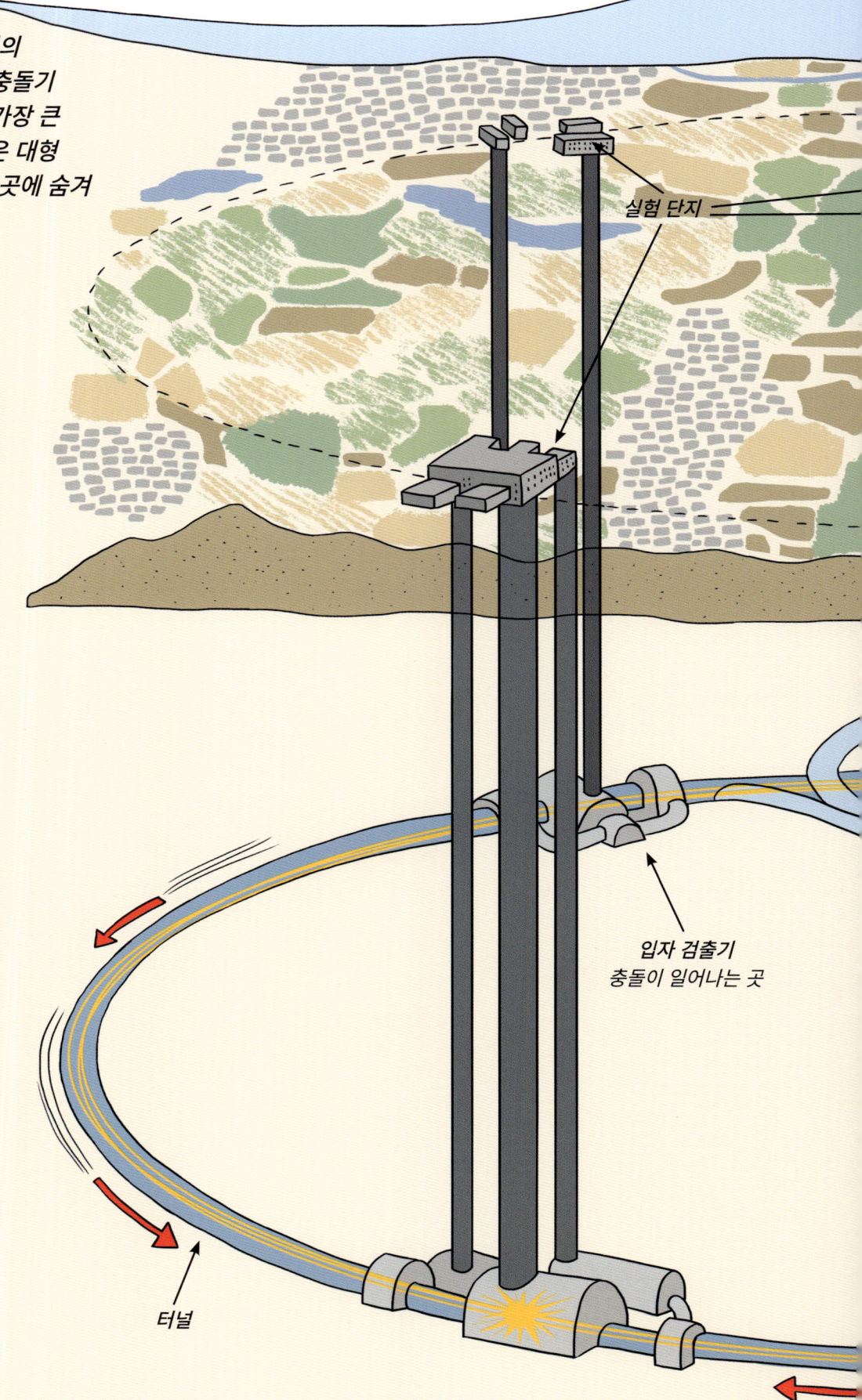

실험 단지

입자 검출기
충돌이 일어나는 곳

터널

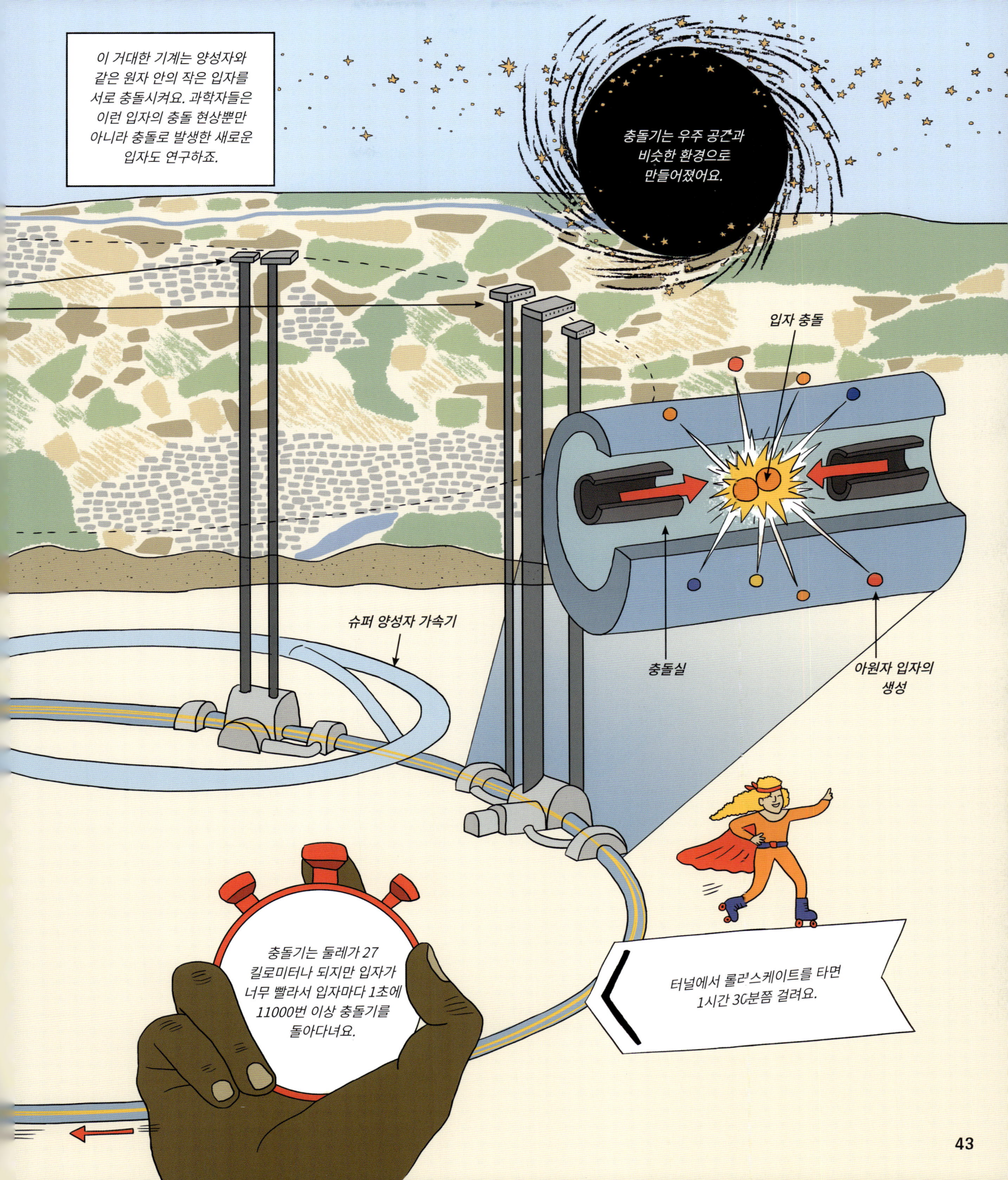

로봇

영화나 책에서 로봇은 사람처럼 움직이고 지능이 매우 뛰어난 기계로 자주 나와요. 현실에서 로봇은 복잡한 일을 할 수 있는 기계랍니다.

화성 탐사 로봇

아직 사람을 화성에 보내지 못했지만 놀라운 화성 탐사 로봇 덕분에 화성에 관한 정보를 많이 얻을 수 있어요. 그럼 과학자들은 화성과 평균 2억 2500만 킬로미터 떨어진 지구에서 로봇을 어떻게 조종할까요?

인공위성

지구

화성 탐사 로봇

화성

화성 탐사 로봇은 레이저가 있어서 바위를 떼어내 무엇으로 만들어졌는지 알아낼 수 있어요.

카메라는 사진을 찍어서 지구로 보내요.

1
나사(NASA, 화성 탐사 로봇을 만들어서 가지고 있는 미국 항공 우주국)는 인공위성을 이용해서 로봇에 명령을 보내요. 지구에 있는 안테나는 화성을 돌고 있는 인공위성에 신호를 보내요. 위성은 화성 탐사 로봇에 신호를 보내죠.

2
화성 탐사 로봇의 안테나는 어디로 가고 어떤 일을 할지 지시하는 명령을 받아요.

3
화성 탐사 로봇은 명령을 따르고 모든 정보를 수집해요. 그런 다음 위성 신호를 사용해서 자료를 다시 지구로 보내죠.

탑재된 작은 실험실에서는 샘플을 조사해요.

튼튼한 바퀴는 화성 탐사 로봇이 울퉁불퉁한 화성 표면을 이동하게 도와줘요.

화성 탐사 로봇은 로봇 팔을 써서 바위 샘플을 수집해요.

기계를 만드는 기계

해마다 로봇은 수백만 대의 자동차를 만드는 데 도움을 줘요. 로봇은 지치지 않고 똑같은 일을 몇 번이고 반복할 수 있어요. 게다가 불평도 하지 않아요!

자동차 공장에서는 자동차가 생산 라인을 따라 이동하면 그에 따라 서로 다른 로봇이 저마다 다른 작업을 수행해요.

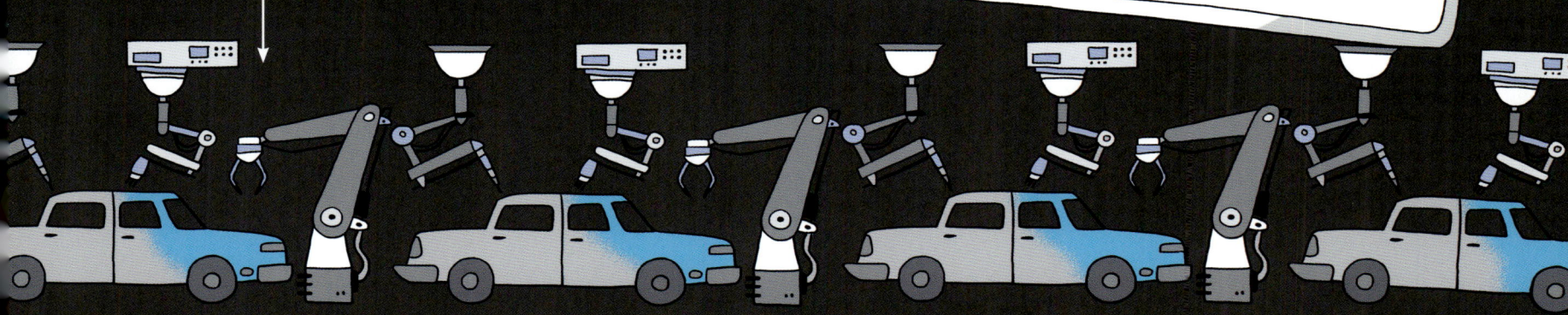

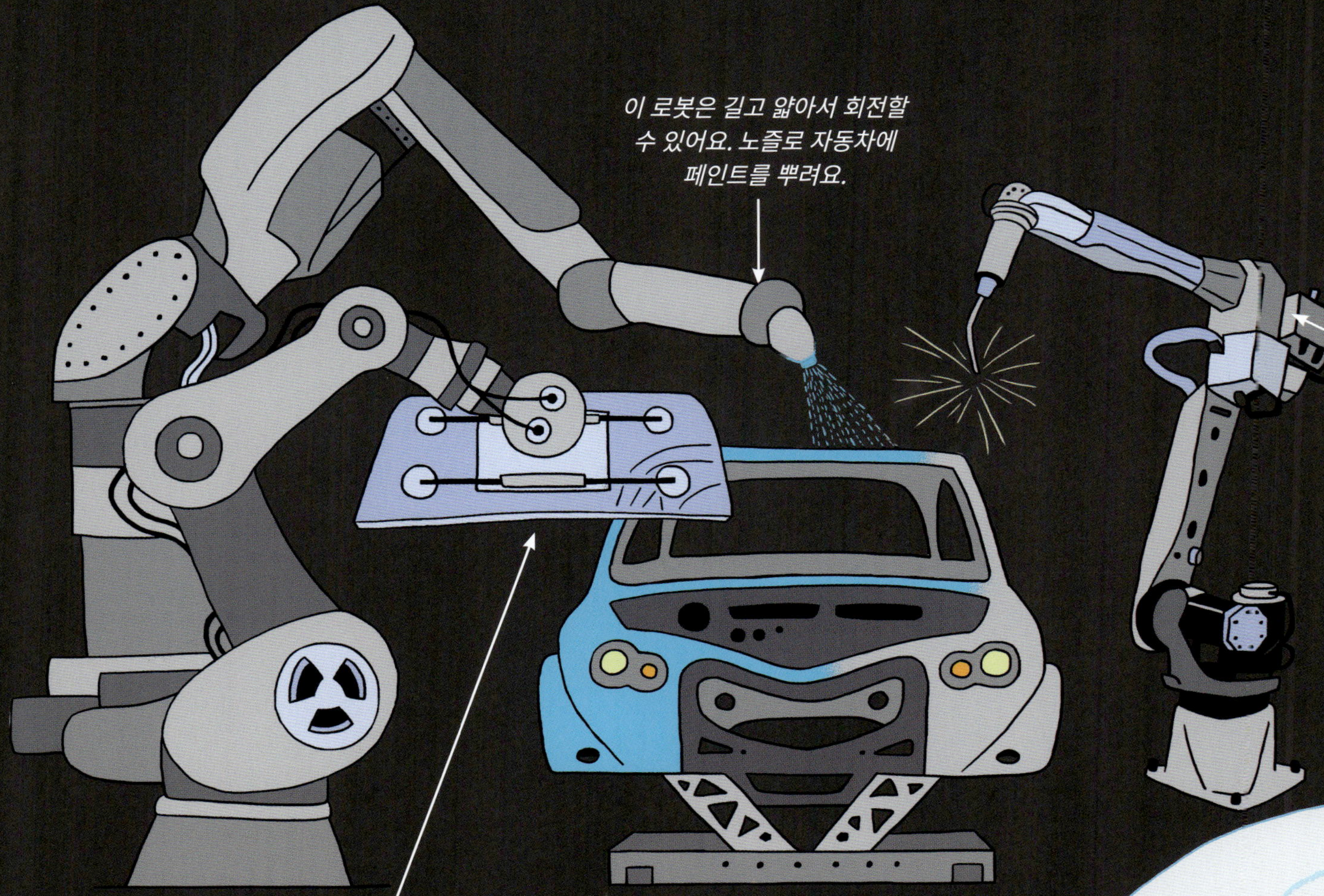

이 로봇은 길고 얇아서 회전할 수 있어요. 노즐로 자동차에 페인트를 뿌려요.

이 로봇은 열로 가장자리를 녹여서 금속 부품을 결합해요. 이 과정을 '용접'이라고 하죠.

이 로봇은 팔 끝에 흡입관이 있어서 제자리에 놓을 때까지 앞 유리를 잡고 있어요. 그다음에 자동차에 앞 유리를 설치해요.

어떤 로봇은 공장에서 사람과 함께 나란히 일해요. 그런 로봇은 실수로 동료와 부딪히지 않도록 특수한 기계 시각 시스템이 있어요.

기계 관련 단어 풀이

냉매
프레온, 암모니아같이 냉동기 등에서 저온 물체로부터 고온 물체로 열을 끌어가는 매체.

노즐
액체나 기체를 내뿜는 대롱형의 작은 구멍.

대형 강입자 충돌기
빅뱅을 재현해서 우주 탄생의 비밀을 알아내기 위한 실험 장치. 초고압, 초고온에서 강한 핵력으로 뭉쳐진 입자들을 빛의 속도에 가깝게 충돌시킴.

도체
열 또는 전기에 대한 저항이 매우 작아 전기나 열을 잘 전달하는 물체. 열에는 금속, 전기에는 금속이나 전해 용액 따위가 이에 속함.

마이크로칩
수천 개의 초소형 전자 회로 요소가 포함된 아주 작은 실리콘 조각.

받침점
물체를 떠받치는 지렛대를 괸 고정된 점.

발광 다이오드
엘이디(LED)로 불리며, 접합부에 전류가 흐르면 빛을 내는 조명의 한 종류.

배수본관
상수도의 물을 나누어 보내기 위해 수원지와 도시 사이의 주요 지점 사이에 묻는, 굵고 지름이 넓은 관.

복사(輻射)
파장이나 입자 형태로 이쪽에서 저쪽으로 에너지를 전달하는 것. 열, 빛, 소리, 엑스레이는 전부 복사의 예임.

분기기
전철기라고도 불리며, 철도에서 차량을 다른 선로로 옮길 수 있도록 선로가 갈리는 곳에 설치한 장치.

안테나
라디오 신호와 텔레비전 신호를 받거나 보내려고 전선으로 만든 장치.

양성자
중성자와 함께 원자핵을 구성하는 입자.

원자
물질의 기본적 구성 단위. 하나의 핵과 이를 둘러싼 여러 개의 전자로 구성되어 있음.

응축기
압축기에서 보내온 고온 고압의 기체 물질을 냉각해 액체 물질로 만드는 장치.

이진수
오직 숫자 0과 1만으로 나타낸 수. 컴퓨터가 자료를 저장하는 방식.

인공위성
우주로 보내 지구 또는 다른 행성 주위를 도는 전자 장치. 라디오와 텔레비전 통신과 정보 제공에 사용됨.

입자
물질을 구성하는 아주 작은 물체. 소립자, 원자, 분자 등을 말함.

작용점
물체에 힘이 작용할 때에 그 힘이 미치는 점.

저항선
전기 에너지를 열에너지로 바꾸거나 전류를 작게 하기 위해 쓰는 쇠붙이 줄. 니크롬선, 텅스텐 선 등이 있음.

전기 에너지
전자의 이동으로 발생하는 에너지.

전기 저항
도체에 전류가 흐르는 것을 방해하는 작용.

증발기
액체 냉매가 증발하여 기체가 될 때 주변에서 열을 빼앗아 냉장고 안의 온도를 급격히 낮추는 장치.

크랭크축
왕복 운동을 회전 운동으로 바꾸거나 그 반대의 일을 하는 크랭크에 의하여 회전되는 회전축.

파동 에너지
일정한 부피 속에 포함된 진동 에너지.

파장
진동이 주위로 퍼져나가는 파동에서 가장 높은 곳인 마루와 마루 사이의 거리, 또는 가장 낮은 곳인 골과 골 사이의 거리를 부르는 말.

팽창 밸브
압축된 기체의 압력을 줄이고 팽창해서 온도를 낮추기 위한 밸브.

평형추
크레인에서 다른 쪽과 무게를 같게 해서 크레인의 균형을 맞추는 추.

화석 연료
지질 시대에 생물이 땅속에 묻혀 화석같이 굳어져 오늘날 연료로 이용하는 물질로 석탄, 석유, 가스 등이 있음.

회로 기판
집적 회로·저항기·콘덴서 따위의 전자 부품을 절연 재료에 부착하고, 그 부품들의 사이를 배선으로 접속시켜 전자 회로를 편성한 판.

힘점
지레 등으로 어떤 물체를 움직일 때 그 물체에 힘이 작용하는 점.

스티브 마틴 · 글
영국에서 학생들을 가르치다가 어린이를 위한 글을 쓰기 시작했고, 오랫동안 많은 작품 활동을 했습니다.
대표 작품으로 〈이런 직업 어때?〉 시리즈와 〈어린이 직업 아카데미〉 시리즈 등이 있습니다.

발푸리 커툴라 · 그림
에든버러 예술대학을 졸업했습니다. 흥미로운 캐릭터와 밝고 다채로운 그림으로 어린이 책과 교과서에 상상력을 불어넣는 일을 즐깁니다. 그린 책으로 《어린이를 위한 생산과 이동의 원리》가 있습니다.

한성희 · 옮김
텍사스 A&M 대학교에서 저널리즘을 전공했습니다. 현재 번역 에이전시 엔터스코리아에서 전문 번역가로 활동하고 있습니다.
옮긴 책으로는 《진정한 아름다움》, 《종소리 울리던 밤에》, 《겨울은 여기에!》, 《작은 별을 주운 어느 날》, 《지구를 지켜줘!》, 《리키, 너도 구를 수 있어!》, 《작은 구름 이야기》, 《멋대로 움직이는 책》, 《으앗! 다른 책에 갇혔어》, 《산타의 365일》 등이 있습니다.